云南财经大学前沿研究丛书

中国人口城镇化质量研究
——基于市民化角度

The Quality of China's Urbanization
---Based on Citizenization

王晓丽／著

中国财经出版传媒集团
经济科学出版社
Economic Science Press

序

自20世纪90年代以来,中国经历了一次极速城镇化过程,城镇化水平由20%提高到50%用了30年时间,是欧美发达国家经历时间的1/3。2002~2016年,我国城镇化率以平均每年1.35个百分点的速度发展,城镇人口平均每年增长2 096万人。2011年,中国常住城镇人口占总人口比重首次超过50%,达到了51.27%。2016年,常住人口城镇化水平为57.35%,这意味着中国城镇化发展进入一个非常特殊的历史阶段。一方面将继续保持"增量",城镇人口和建成区面积将持续增长;另一方面,城镇化发展将进入质量并重的提升阶段。如何把握未来10~20年特殊历史时期提升中国城镇化发展质量,如何提升城市社会建设与人们生活质量,如何协调乡村与城镇同步发展,是未来中国必须面对的迫切问题。党的十八届三中全会明确提出未来中国城镇化发展走向,即走中国特色新型城镇化道路。新型城镇化的核心是人的城镇化,关键在于提高城镇化发展质量,改变为以提升城市文化、公共服务等内涵为中心,真正使我们的城镇成为具有较高品质的适宜人居之所,不以牺牲农业和粮食、生态、环境为代价,实现城乡基础设施一体化和公共服务均等化,促进经济社会协调发展,实现共同富裕。面对这样一个拥有复杂的历史、制度、文化等背景的发展中人口大国,如何实施新型城镇化是漫长而艰辛的。

王晓丽同志2010年从内蒙古考入南开大学经济学院攻读人口资源与环境经济学博士。攻读博士期间,她参与了我主持的多项重要课题,表现十分突出,先后在国家重要核心期刊发表论文数篇。摆在读者面前的这本著作,是王晓丽同志在博士论文"中国人口城镇化质量研究——基于市民化角度"基础上修改的。全书紧扣国际理论前言,采用统计学和计量经济学相结合的方法,尝试构建了农村流动人口市民化指标体系,对市民化程度等相关指标进行测算和分析。该书的创新性结论主要包括以下四个方面:

第一,对于城镇化、城市化、市民化、非农化进行了较为全面的概念比较，系统地介绍了各个术语的界定；对于中华人民共和国成立以来的人口统计口径进行较为翔实的论述。

第二，从市民化意愿、市民化能力、市民化行为、居住市民化、基本社会公共服务市民化建立、市民化指标体系，采用熵值法测算出全国、各省间不同人口特征的乡—城流动人口市民化水平。

第三，揭示了影响市民化意愿、市民化能力、市民化行为、居住市民化、基本社会公共服务市民化的因素，并分析了其影响机制。

第四，从城镇化的质和量相结合的角度，提出双 Q 模型，以市民化水平反映城镇化的质，以城镇化率反映城镇化的量，测算了中国及各省际城镇化水平。

王晓丽同志的毕业论文研究，受到博士论文匿名评审专家和答辩委员会专家的高度好评。可以说，本书对全国农村流动人口市民化程度及城镇化水平的研究和测算，不仅对研究对象、研究内容都有较为全面的论述，而且也为有关部门制定流动人口政策提供了有价值的资料。特此作序，将该书推荐给区域人口理论和实际工作者。

原　新

于南开大学

2017 年 1 月 6 日

前　言

2016 年，全国常住城镇人口规模为 7.93 亿人，其中，乡—城流动人口为 3.47 亿人，常住人口城镇化水平从 2011 年的 51.27% 增加到 2016 年的 57.35%，增加了 6.08 个百分点。人口城镇化率过半，标志着中国从农业人口大国转变为城镇人口大国。然而，人口城镇化过半的水平是伴随着大量的农村剩余劳动力转移城镇并视为城镇人口的统计结果。2011 年，城镇户籍人口占比仅为 35%，与人口城镇化水平相差的 16.27% 恰恰是乡—城流动人口比重；2016 年末，户籍人口与常住人口城镇化率的差距缩小 1.4 个百分点。由于我国的公共服务和社会福利体系是与户籍制度捆绑在一起的，受城乡二元户籍管理制度影响，乡—城流动人口的生产、生活、就业、住房、子女教育、医疗、养老等基本社会保障方面不能与城市居民享有同等待遇。换言之，16.27% 的乡—城流动人口仅仅是农民向农民工转换，并非彻底的市民化，处于"半市民化"状态，反映城镇化的低质量发展。

借鉴国内外相关研究，本研究以流动人口社会融合理论为基础，建立了由市民化意愿、市民化能力、居住市民化、市民化行为、基本社会公共服务市民化五维度构成的指标体系，内容涉及意愿市民化、态度市民化、文化市民化、经济市民化、政治市民化、家庭市民化、教育市民化、就业市民化、社会保险市民化、社会关系市民化、人力资本市民化等方面，测算了我国及各省市乡—城流动人口的市民化水平。研究结果表明，2011 年全国范围内的乡—城流动人口市民化水平为 0.478，表明乡—城流动人口生存、发展、基本社会公共服务、居住等综合条件仅及城市市民的 47.8%。五维度中，市民化意愿与居住市民化水平较高，分别为 0.731、0.714；市民化行为、基本社会公共服务市民化水平偏低，分别为 0.363、0.406；市民化能力为 0.588。整体看，乡—城流动人口市民化水平处于较低层次，主要是由于市民化行为和基本社会公共服务市民化水平较低所致，进一步分析，由于政治市民化、社会保障及就业市民化较低，从而拉低了市民化综合水平。

不同人口特征市民化综合水平不同。研究结果表明，乡—城流动人口市民中男女性别分别为 0.475、0.482；第一、第二代乡—城流动人口市民化水平分别为 0.489、0.469；受教育年限为 1 年、6 年、9 年、12 年、14 年、16 年的市民化平均水平分别为 0.450、0.459、0.471、0.499、0.532、0.563，表明随着受教育年限增加，乡—城流动人口市民化指数逐渐提高；从事不同职业、不同行业、不同部门市民化水平均有所不同，基本上是正规劳动力市场的乡—城流动人口市民化水平高于非正规劳动力市场的市民化水平。

中国 31 个省（区、市）中，市民化程度较高的前 3 个省市是上海、北京、广东，市民化综合水平分别为 0.543、0.531、0.514；市民化综合水平较低的是西藏、湖南、云南，整体市民化水平分别为 0.414、0.428、0.432。分别以市民化综合水平、市民化意愿、市民化能力、市民化行为、居住市民化、基本社会公共服务市民化对 31 个省（区、市）进行聚类分析，结果显示，由于地区间社会、经济、产业、制度等方面发展的不平衡，导致乡—城流动人口市民化综合水平以及各维度指标均呈现地区差异。市民化综合水平、市民化能力、居住市民化、基本社会公共服务市民化水平大致按东、中、西聚类，并依序递减（除个别省市外）；市民化意愿大致按东、西、中聚类，并依序递减；市民化行为虽然也具有地区差异，但东、中、西差异并不明显。

影响乡—城流动人口市民化水平的因素是多方面的，既有制度因素也有非制度因素。研究结果表明，自 1958 年颁布《中华人民共和国户口管理登记条例》以来，城乡居民户籍身份的差别严格限制城乡人口流动、户籍迁移，同时不同身份特征享有不同的社会保障待遇。改革开放后限制人口流迁功能逐渐淡化，但是附加在不同户籍身份的医疗、养老、居住、就业、教育、公共文化等基本社会公共服务的功能差异更为突出。近年来，虽然各地均在探索户籍改革制度方案，但目的是为了地方经济发展需要吸引技能型和学历型劳动力，对于较低层次的乡—城流动人口的限制条款和附加条件颇多，因此，户籍制度仍然是致使乡—城流动人口"半市民化"最根本的原因。影响市民化的非制度层面因素包括人口、经济、就业、地区以及主观意愿等方面。研究结果表明性别、受教育年限、年龄等人口学特征对市民化都有不同程度的影响，控制人口变量后，收入水平、就业类型、不同地区、户籍迁入意愿等变量均会影响市民化水平。

在"半市民化"状态下，中国人口城镇化水平有多高？本研究从质与量相结合的角度测算的 2011 年城镇化水平为 42.28%，比 2016 年的城镇化水平

前　言

51.27%低8.99个百分点。不同地区的城镇化率相差2.84%~25.39%不等，东部省份差距较大，中西部地区次之，东北部相差最小。从市民化的角度来看，城镇化率显然高估了城镇化发展水平，反映城镇化发展处于低质量状态。

最后，针对现阶段市民化水平及影响因素的分析，提出一系列对策和建议，包括深化户籍制度改革、加强专业技能培训、搭建各种平台促进乡—城流动人口实现社会融合等。

目录

第一章 绪论 / 1

第一节 研究背景及研究对象 / 1
  一、研究背景 / 1
  二、研究意义 / 2
  三、研究对象 / 3

第二节 概念界定 / 3
  一、城镇人口与乡村人口、农业人口与非农业人口、流动人口 / 3
  二、城市化与城镇化 / 6
  三、城镇化率、市民化、市民化程度 / 10
  四、城镇化质量、城镇化水平 / 11

第三节 国内外相关文献综述 / 12
  一、基于可持续发展视角 / 12
  二、基于城市化问题视角 / 14
  三、基于社会排斥视角 / 16
  四、基于市民化的视角 / 17

第四节 研究目的和研究方法 / 20
  一、研究目的 / 20
  二、本书结构 / 21
  三、研究方法和数据来源 / 22

第二章 中国人口城镇化发展的特殊性 / 24

第一节 人口城镇化发展进程的特殊性 / 24

一、发达国家人口城镇化发展进程具有同步性 / 24

　　二、中国城镇化发展进程中的非同步性 / 27

第二节　人口城镇化发展存在问题的特殊性 / 32

　　一、国外城镇化发展存在的问题 / 32

　　二、中国城镇化发展存在的问题 / 33

第三节　本章小结 / 35

第三章　乡—城流动人口市民化现状分析 / 37

第一节　生存与发展现状 / 37

　　一、自身素质状况 / 37

　　二、经济状况 / 39

　　三、居住状况 / 40

第二节　劳动力市场分布现状 / 42

　　一、行业分布 / 43

　　二、部门分布 / 43

　　三、职业分布 / 44

第三节　基本社会公共服务现状 / 45

　　一、社会保障 / 46

　　二、就业与培训 / 48

　　三、住房保障 / 49

　　四、子女教育 / 50

第四节　社会融合现状 / 51

　　一、行为融合 / 51

　　二、心理认同 / 52

第五节　本章小结 / 54

第四章　乡—城流动人口市民化指数测算 / 56

第一节　指标体系构建 / 56

　　一、理论基础——社会融合理论 / 56

　　二、指标体系构成 / 59

目 录

　　　　三、准备指标 / 63
　　　　四、指标权重的确定 / 65
　　第二节 测算结果分析 / 67
　　　　一、全国层面市民化指数分析 / 67
　　　　二、省际层面市民化指数测算结果与分析 / 80
　　第三节 本章小结 / 89

第五章 影响乡—城流动人口市民化的因素分析 / 92

　　第一节 制度因素 / 92
　　　　一、中华人民共和国户籍制度发展历程 / 92
　　　　二、户籍管理制度对乡—城流动人口市民化的影响路径分析 / 96
　　第二节 影响市民化非制度因素分析 / 99
　　　　一、影响市民化综合指数的因素分析 / 100
　　　　二、影响市民化意愿因素分析 / 109
　　　　三、影响市民化能力的因素分析 / 114
　　　　四、影响市民化行为的因素分析 / 120
　　　　五、影响居住市民化的因素分析 / 124
　　　　六、影响基本社会公共服务市民化的因素分析 / 129
　　第三节 本章小结 / 137

第六章 提高人口城镇化质量对策及建议 / 141

　　第一节 人口城镇化水平修正 / 141
　　　　一、理论模型 / 142
　　　　二、城镇化水平测算结果与分析 / 143
　　第二节 提高城镇化质量对策及建议 / 148
　　　　一、提高市民化能力 / 148
　　　　二、提高市民化行为 / 149
　　　　三、提高居住市民化水平 / 150
　　　　四、逐步废除户籍管理制度，建立统一的人口居民证制度 / 150
　　　　五、促进全社会范围内基本社会公共服务均等化 / 151

第三节　本章小结 / 152

第七章　结语 / 154

第一节　研究结论 / 156

第二节　研究不足 / 158

参考文献 / 159

第一章

绪 论

第一节 研究背景及研究对象

一、研究背景

自 20 世纪 90 年代以来,中国依赖城镇人口自然增长、城镇行政区划扩张、永久性迁移、暂时迁移[①]的途径,经历了一次极速城镇化过程,其中,暂时迁移是推动城镇化的主要力量。统计数据显示,2000 年的乡—城流动人口规模 1.7 亿人,2010 年达到 2.2 亿人,相应的人口城镇化水平由 2000 年的 36.22% 提升至 2010 年的 49.95%。2016 年,城镇人口规模增加到 7.93 亿人,乡—城流动人口增加到 3.44 亿人,常住人口城镇化水平从 2011 年的 51.27%,进一步增加到 57.35%,增加了 6.08 个百分点[②]。经济的快速发展、产业结构的调整以及制度变迁共同推动城镇化进程,城镇化即将成为改革开放以来新一轮扩大内需启动经济增长的重要动力。从城镇经济看,一方面,通过吸收大量农业剩余劳动力,为经济快速发展提供了丰富的劳动力资源;另一方面,通过扩大消费和提高基础设施、公共服务设施以及房地产投资需求驱动经济增长。有研究表明:人口城镇化可拉动经济增长 3~6 个百分点。从农村经济看,改善农村就业和收入结构,改变了农村的生产和生活方式,提高了农村的生活水平。

然而,人口城镇化过半的水平是伴随着大量的农村剩余劳动力转移城镇并

[①] 户籍与居住同时迁移行为称为永久迁移;户籍与居住不在同地的迁移行为称为暂时迁移,文中的乡—城流动人口专指由农村向城镇暂时迁移的人口。

[②] 国家统计局. 中国统计年鉴 2011 [M]. 北京:中国统计出版社,2011.

视为城镇人口的统计结果。2016 年，城镇户籍人口与常住城市人口的差距缩小了 1.4% 个百分点，2011 年，这一数据是 16.27%，恰恰是乡—城流动人口的比例。由于我国的公共服务和社会福利体系是与相应的户籍制度捆绑在一起的，受城乡户籍管理制度影响，流动人口在就业、住房、义务教育、养老、医疗、生产、生活等基本的社会保障等方面不能与城市居民享有同等待遇。换言之，16.27% 的乡—城流动人口仅仅是农民向农民工转换，并非彻底的市民化，处于"半市民化"状态。

国外人口城镇化的发展是农村人口由农村转移到城市、市民化、农业现代化三位一体共同推进的过程。然而，从中国城镇化发展实际看，农村人口只实现了由农村向城市的转移，但未实现向市民的转变，同时，农业发展仍然处于较为落后的状态。1984~2016 年，城乡居民人均收入比从 1.50∶1 扩大到 2.07∶1[①]，扩大了 1.38 倍。显然，城镇化的快速发展虽然在一定程度上提高了居民收入水平，但并没有扭转城乡居民收入差距继续扩大的趋势。

人口城镇化的发展应该以人为本，注重民生改进。推进人口城镇化，不但要注重增加城镇人口数量，而且更要加注重新增城镇居民的生存条件、生活方式和生活质量，保证全体社会成员在真正意义上的机会均等。

二、研究意义

本研究以乡—城流动人口为研究对象，通过大量的实证研究，试图建立一套较为完整的反映乡—城流动人口市民化的指标体系，揭示影响市民化的因素，具有一定的理论意义和实践意义。

（一）理论意义

第一，对城镇化率、城镇化质量等相关概念进行界定。在综合分析和研究基础上，界定城镇化概念、内涵；区别城镇化和城市化；对于进一步认识城镇化本质有一定参考价值。

第二，建立合理的市民化水平评价标准。结合中国发展的实际，充分考虑城镇化内涵基础上，建立一套体现城镇化内涵的指标体系，多维度的对中国人口城镇化发展进行较为完备的评价。

---

① 根据 2016 年国民经济和社会发展统计公报结果测算得出。

第一章 绪 论

（二）实践意义

以市民化程度反映人口城镇化质量，通过多维度的设计市民化综合评价系统，对人口城镇化质量从省际的角度进行计量分析比较，考核地方政府在城镇化发展中的作为，避免只注重城镇规模、城镇建设而忽略城镇化进程中人的转变提供客观依据；同时为政府推动人口城镇化发展的相关政策取向提供参考，对顺利推进城镇化内涵型发展具有重要的现实意义。

三、研究对象

结合城镇化内涵及城镇化发展实际，以全国各省间的乡—城流动人口作为研究对象。其理由有两个：一是城镇化是一个具有时间和空间多维度的动态变化过程，需要足够全面的数据作为支撑。采用全国范围的数据，覆盖范围广，有利于得出稳健性结论；二是可以从全局的角度了解城镇化水平、市民化水平。

第二节　概念界定

一、城镇人口与乡村人口、农业人口与非农业人口、流动人口

制度上，划分城乡人口存在"二元四类人"现象，即在"农村与城市"的二元结构框架下，公安部门户籍登记体系[①]按照农业户口和非农业户口两类区分居民的身份；统计部门人口信息发布体系则把公民划分为城镇人口和乡村人口两类[②]。两种划分既有重叠，又有差别，致使城乡人口统计复杂多样。

---

① 1961年12月9日，公安部转发三局《关于当前户口工作情况的报告》，要求"对户口进行彻底检查整治，健全户口管理机构"。同年，公安部将给农业户数和人数这一统计指标改为"农业人口户数和人数"，这使"农业户口"和"非农业户口"成为广泛使用的概念。1963年，公安部在人口统计中把是否吃国家计划供应的商品粮作为划分户口性质的标准，将全国居民分为农业户口和非农业户口。由国家按照城镇定量标准供应商品粮的人口称为"非农业户口"；凡是按非城镇定量供应商品粮的人口，包括吃自产粮的粮农、从事社队工业生产的干部和社员，以及吃商品粮的菜农、牧民、渔民等称为农业户口。自此后开始实行农业人口与非农业人口户籍管理制度的严格限制。

② 历次人口普查（1953~2010年）主要依据居住地和从事的产业划分城镇人口和乡村人口，由于市镇建制变迁，导致各次普查城市人口和乡村人口统计口径不一。

1. 城镇人口与乡村人口

城镇人口与乡村人口有两种统计口径：第一种口径按行政建制①划分，城镇人口包括市管辖区域内的全部市人口（含市辖镇，不含市辖区县）和县辖镇的全部镇人口（不含市辖镇）的总和；乡村人口包括县辖乡的全部人口，也称县人口。第二种口径是按常住人口②划分，城镇人口是指设区的市的区人口和不设区的市所辖的街道人口（即市人口）和不设区的市所辖镇的居民委员会人口和县辖镇的居民委员会人口（即镇人口）之和；乡村人口是指除上述两种人口以外的全部人口。我国人口统计信息中，1952～1980 年城乡人口按第一种口径统计，1982 年以后按第二种口径统计。

2. 农业人口和非农业人口

公安部依据户籍管理的需要，根据居民户口性质分为农业户口人口（农业人口）和非农业户口人口（非农业人口）。准确地说，依据户籍性质划分的农业户口人口和非农业户口人口不同于以从事社会劳动的性质划分的农业就业人口和非农业就业人口。农业户口的性质并不因其进城或从事非农产业而有所改变，在公安系统中仍然为农业人口（农业户口人口）。对于由乡村管理下的非直接从事农业生产的一些人，如民办教师、乡村医生等人员均规定作为农业户口人口统计。

对于非农业就业人口与农业就业人口的界定主要是针对劳动力而言，从事农业生产维持生活的称为农业就业人口，从事非农产业的人口称为非农业就业人口。即便是农业户口人口，若从事非农业劳动，也会被统计为非农就业人口。

---

① 1953 年第一次人口普查，中国城镇人口定义为设有建制的市镇总人口，包括市区的县城的城关，两三千人以上工商业比较发达的集镇，以及工矿区和森林作业所等的农业和非农业人口。1963 年第二次人口普查，城镇人口的定义是按照 1963 年 12 月 7 日中共中央、国务院《关于调整市镇建制，缩小城市郊区的指示》中规定的口径统计的。城镇人口为设有建制的市镇的非农业人口，不包括市镇直接辖区内的农业人口，乡村人口是指市区和郊区及乡镇的农业人口。1983 年人口普查城镇和乡村人口统计口径与 1953 年相同。

② 1990 年第四次人口普查采用了城乡划分的新标准——细分行政地域，对设区的市采用区的总人口，对不设区的市和镇采用街道办事处和居民委员会。1990 年将不设区的市建成区相连的村委会、与城市建成区相连的村委会所在乡镇的其他村委会、市的其他乡镇村委会、与镇建成区相连的村委会都排除在城镇人口之外。2000 年，将不设区的市的与城市建成区相连的村委会、与城市建成区相连的村委会所在的乡镇、其他委员会、与镇的建成区相连的村委会人口和常住人口在 3 000 人以上的工矿区、开发区、大专院校、农场等特殊区域都列为城镇人口统计范围。2010 年城镇人口统计范围采用的是 2008 年 7 月国务院批准的《统计上划分城乡的规定》。城镇人口的统计范围有所缩小，体现在所有的城市中与城市建成区相连的村委会所在乡镇的其他居委会全部排除在城镇人口统计外。

第一章 绪　论

从上述不同类型人口的定义即可发现互有覆盖和交叉，城镇人口中有从事农业活动的农业人口，乡村人口中也有从事非农业活动的非农人口；农业人口中既有乡村人口，又有城镇人口，而非农业人口的居民身份既有城镇也有乡村。人口居民身份的多口径统计导致人口城镇化水平判断的乱象。

3. 流动人口

现实中，划分人口身份存在"二元五类人"现象。除了上述的四类人，还包括流动人口。国外一般只有"迁移人口"概念而没有"流动人口"概念。美国人口咨询局《人口手册》把迁移定义为"人们为了永久或半永久定居的目的，越过一定边界的地理移动"。D·勃格（D. Bogue）在论文《国内人口迁移》中认为，"人口迁移是那些由于个人所属地区的彻底变更和再调整而引起的住所变迁"。从国外学者对人口迁移的定义可以看出，对迁移的界定无外乎从三个属性考虑：时间、空间和定居目的，没有户籍制度的限制。我国由于户籍制度的存在，将人口的空间移动区分为流动和迁移。人口迁移，准确地说应该是户口迁移，按照《中华人民共和国户口登记条例》第十条规定"公民迁出本户口管辖区，需办理户口迁出手续，注销户口之后，再到迁入地注册登记落户"。也就是说，在我国，人口迁移是伴随户口迁移的法定概念（张庆五，1988）。只有符合政府规定的法定程序上的户口迁移的人口，才可以享受迁入地居民的各项权利和福利待遇。人口流动是中国户籍制度条件下的一个概念，指居住地与户籍所在地不一致的人口空间移动，即流动人口不涉及常住户籍的迁移。迁移与流动存在明显的区别差异，应当作为两个不同的概念。由于社会保障覆盖体系只是覆盖具有城镇户籍人口，流动人口无法享受和城镇居民同等取得生活资料和生产资料的机会和权力。因此，形成不同户口状况的移民在就业机会、受教育机会、行业和职业流向、福利与社会保障等多方面迥然各异的群体（杨云彦，2001）。

流动人口中居住不满半年，常住户口在外乡、镇、街道，且离开户口登记地也不满半年的人（不包括因出差、探亲访友、旅游等原因临时在本户居住的人），在现居住地称为暂住人口；将居住半年及以上，常住户口在外乡、镇、街道，且离开户口登记地半年及以上的人（不包括因出差、探亲访友、旅游等原因临时在本户居住的人），在现居住地称为常住人口。根据流动人口的主体不同，划分为乡—城流动人口、城—城流动人口及城—乡流动人口。乡—城流动人口在很多文献中又被称为农民工，指从农村向城镇转移的人户分离的农业户籍人口；城—城流动人口指市辖区内人户分离的非农业户籍人口；城—乡流动人口指从城镇向农村转移的人户分离的非农业户籍人口。说明一点，除引用文献中用农民工，其他论述均以乡—城流动人口为主。

4. 户籍人口和常住人口

户籍人口是指公民依《中华人民共和国户口登记条例》已在其经常居住地的公安户籍管理机关登记了常住户口的人，不论其外出与否，均以户籍注册地为依据统计的人口。根据第六次人口普查手册，常住人口指现有居住人口加户籍外出人口，既包括普查时点居住在本户的人口，也包括普查时点未居住在本户、但户口在本户的人口。换言之，常住人口是以户籍和实际居住地和居住时间为统计口径，是"本地户籍人口与居住半年以上的外来流动人口之和，包括居住在本乡镇街道且户口在本乡镇街道或户口待定的人；居住在本乡镇街道且离开户口登记地所在的乡镇街道半年以上的人；户口在本乡镇街道且外出不满半年或在境外工作学习的人"①。

自 1982 年以来的历次人口普查，均将人户分离半年及以上的流动人口统计为居住地的常住人口。2010 年，我国 31 个省（区、市）的人口中，居住时间为半年及以上的城镇人口为 665 575 306 人，占 49.68%；乡村的居住人口为 674 149 546 人，占 50.32%。

二、城市化与城镇化

（一）城市化

西班牙工程师赛达（1867）发表了《城镇化基本理论》，最早提出城市化（urbanization）的概念，由此，城市化作为社会经济发展的一种历史必然的现象引起各领域学者们的关注，但至今对城市化概念以及理解仍存在一定的疑义。

1. 不同学科之概念

对于城市化的概念和理解因不同学科研究角度差异互不为同。经济学强调的城市化是由农村经济向城市经济的转化过程和机制，特别是从产业结构的变化、劳动力结构的变化、人们消费方式的变化等方面来分析城镇化过程；社会学领域则强调城市化是人们行为方式和生活方式转化的进程，以及由此引起的各种社会后果（汪军英，2007）。美国学者索罗金认为，城市化就是农村意识、行为方式、生活方式城市化的过程（刘传江、王志初，2001）。日本社会

---

① 2010 年第六次全国人口普查主要数据公报（第 2 号）。http：www.stats.gov.cn。

学家矶村英一认为，城市化是社会结构和社会关系的统一（崔功豪，1992）；地理学则强调人口、经济、产业、资源等由乡村地域向城市地域的转化和集中过程（汪军英，2007）。著名日本地理学家山鹿城次指出，现代的城市化概念应该包括四个方面：原有市街的再组织、再开发；城市地域的扩大；城市关系的形成与变化；大城市地域的形成（山鹿城次著，朱德泽译，1986年）。人类学家强调社会规范，认为随着城市化发展，人们的生活方式也会发生彻底转变，即由乡村生活方式转为城市生活方式。历史学家则认为城市化就是人类从区域文明向世界文明过渡中的社会经济现象（孙中和，2001）。人口学强调人口从乡村向城市流动，主要是观察城镇人口在总人口中比例提高情况，并分析这种变化背后的经济、社会原因以及由此带来的后果（周毅，2004）。威尔逊在（C. Wilson，1986）在《人口辞典》中界定人口城市化，即指居住在城市地区的人口比重上升的现象。人口学家田雪原（2004）认为，城市化是一个国家或一个地区的城市（镇）人口在总人口中的比例不断提高的过程。这种过程包括两个方面：一是人口集中的场所即城市的数量增加；二是每个城市的人口数量不断增加。

2. 不同层次之概念

随着城市化发展及各学科对城镇化研究的逐步深入以及学科间的互相渗透，城市化的定义日趋综合化和层次化。美国学者弗里德曼认为城市化分为两个层次，即城市化Ⅰ和城市化Ⅱ，前者指人口和非农业活动在规模不同的城市环境地域集中的过程；后者则指城市文化、城市生活和价值观在农村地域扩散的过程（刘传江、王志初，2001；康就升，1990）。高佩义（1991）认为：城市化含义包括乡村城市化、乡村文明城市化、城市发展化。

3. 广义、狭义之分

还有学者从一般狭义和广义的不同角度来规定城市化的含义。所谓一般城市化是指人口向城市的集中和由此发生的地域及社会的变化。狭义的城市化是指由于近工业化发展而引起的农村地域向城市地域的转变。广义城市化是指社会发展中城市因素逐渐增大和延伸的过程，并且是城市对于聚落和地域内部的影响越来越显著的过程（汪军英，2007）。

综上所述，关于城市化的概念，国内外迄今为止没有形成一个统一的看法，也不大可能形成统一的看法。世界各国的国情不同，发展阶段不同，对城市化的理解和表述不同，而且不同学科的学者有不同的理解和表述。城市化的定义具有多元性，如果一定要用一句话对城市化做出一个定义往往带有一定的片面性。根据国内外学者的综合研究，从四个方面界定城市化：第一，城市化是一种产业结构非农化转变的过程；第二，城市化是一个以农业为主的就业人口职业结构非农化的过程；第三，城市化是由传统的农业文明转变为一种现代城市文明的过程；第四，城市化是对居民从思维方式、生活方式、行为方式、价值观念、文化素质等改善和提高的过程。总而言之，城市化是整个社会文明的提高和社会进步的过程。

（二）城镇化

城市化与城镇化是关于农业人口非农化战略的两种不同的政策导向，到目前为止，一直没有一致的提法。城市化的提法是从国外城市化发展模式借鉴而来。由于世界上大部分发达国家人口规模较小，有的甚至没有镇的建制，故而国外的人口非农化意指城市化，即乡村人口向大城市转移和集中的过程，属于集中型模式，以英、美为典型（简新华，2010；赫茨勒，1963）。分散型模式则体现为农村人口向大、中、小城市、小城镇迁移，故而又称之为城镇化模式（邹农俭，1998）。

本书采用城镇化的提法，理由如下：其一，我国从"十五"计划以来的正式提法都是城镇化，这与我国城市发展方针以及实现城市化的途径直接相关。1983年，费孝通提出了"小城镇，大问题"，特别是1998年10月党的十五届三中全会以来提出了"小城镇，大战略"，进一步提升了发展小城镇的重要地位，乡镇企业成为吸纳农村剩余劳动力的主要渠道，使得小城镇成为推进我国城市化的主要途径。其二，统计年鉴中采用城镇人口占总人口比重作为衡量城市化水平的主要指标，其中城镇人口统计口径包括设有建制的常住城市人口和镇人口。这意味着建制镇或城关镇人口均被视为城市化人口。其三，在近些年国家层面的文件中明确提出积极稳妥推进城镇化，促进大中小城市和小城镇协调发展。《我国国民经济和社会发展十二五规划》（以下简称《十二五规划》）中明确提到城镇化以及城镇化发展方针[①]，指出"十二五"期间要将符合落户条件的农业转移人口逐步转为城镇居民作为推进城镇化的重要任务，并且有重点的发展小城镇，增强居住功能和公共服务

---

① 《我国国民经济和社会发展十二五规划》指出：遵循城市发展客观规律，以大城市为依托，以中小城市为重点，逐步形成辐射作用大的城市群，促进大中小城市和小城镇协调发展。科学规划城市群内各城市功能定位和产业布局，缓解特大城市中心城区压力，强化中小城市产业功能，增强小城镇公共服务和居住功能，有重点的发展小城镇，把有条件的东部地区中心镇、中西部地区县城和重要边境口岸逐步发展成为中小城市。

第一章 绪　　论

功能。《国家人口发展十二五规划》也明确提出[①]：中小城市和小城镇要根据实际放宽落户条件，构建城镇化战略格局，增强城镇承载能力，改善人居环境。在2012年11月8日的中共第十八次代表大会的报告中多次提到城镇化，提高城镇化水平、城镇化质量，并且指出：科学规划城市群规模和布局，增强中小城市和小城镇产业发展、公共服务、吸纳就业、人口集聚功能。以上三点均表明，我国走的是一条分散型城市化模式，即城镇化模式。基于此，本书在用词上，除引用他人文献和论述世界城市化问题及进行国家比较使用城市化外，均以城镇化论述。

城镇化的概念也有很多种理解。周加来（2001）认为城镇化是两种过程的有机统一，即农业要素转化为城市要素的过程和城市要素向农村扩散过程的合体，体现在农村人口转化为城镇人口，农村地域转化为城市地域，农村的生产生活方式转化为城镇的生产生活方式等。也有的学者认为，城镇化不仅是农村人口的地域、生活方式的转变，更为突出的是城镇人口规模和城镇数量的增加，以及城镇经济社会化、现代化和集约化程度的提高（姜爱林，2001）。刘传江等（2004）认为城镇化是一种社会、经济结构的转换，在这一转换过程中，人口、非农产业、资本、市场、资源等由农村向城市集中，引致城镇数量增加和城镇规模扩大的过程。同时，城镇的物质文明和精神文明不断地向周围扩散，由此使得农村人口的生活观念、思想、心理、生活方式等渐变的过程。中国人口与发展研究中心课题组（2012）认为城镇化本身是一个综合概念，涉及人口聚集、产业转移、生活方式转变等多重内涵（刘传江、王志初，2001）。因此，实施人口城镇化战略是一项系统工程。

尽管不同学者对城镇化有不尽相同的解读，但是基本上还是保留着这个概念的核心含义。城市化与城镇化并无本质差别，从内涵上两者基本趋同即实现人口非农化，变乡村文明为城市文明。但是，通过市化和镇化来实现人口非农化的城镇化路径更符合中国城市发展的实际即坚持大、中、小城市和小城镇协调发展。

---

① 《国家人口发展十二五规划》指出：积极稳妥推进城镇化，中小城市和小城镇要根据实际放宽落户条件。坚持因地制宜、分步推进，按规定把有合法稳定职业并有合法稳定住所（含租赁）的农村人口逐步转为城镇居民。构建城镇化战略格局，完善城镇基础设施，增强城镇承载能力，改善人居环境。

结合前人的研究以及 2013 年"两会"提出的新型城镇化的观点①，本文从人口学的角度总结城镇化内涵，体现在以下几个方面：其一，农民从农村转移到城市，从事稳定的非农正规就业，收入水平与城市户籍人口平均水平趋同；其二，城镇化人口在生活方式、价值观、思想观念的转变，生活水平、居住条件与城市户籍人口平均水平趋同；其三，城镇化人口在公共医疗、养老保障、义务教育保障、就业服务、住房保障等基本的社会公共服务方面与城市居民享有同等待遇；其四，实现自我身份的认同与社会融合。

三、城镇化率、市民化、市民化程度

1. 城镇化率

城镇化率通常用市人口和镇人口占全部人口的百分比来表示，用于反映人口向城镇聚集的过程和聚集程度，是世界各国衡量城镇化水平最基本的方法，现阶段，我国也使用该指标衡量城镇化水平。本研究中，城镇化率作为仅是衡量城镇化水平"量"的指标，不足以或者说不能全面衡量现行体制下城镇化发展水平。

2. 市民化

市民化是中国特有城镇化发展过程的后期阶段，也是一个关键阶段。指迁居城市的乡—城流动人口在城市社会环境中逐步向城市居民转变的过程。市民化是中国城镇化的特有现象，狭义"市民化"指农村人口、乡—城流动人口等获得作为城市居民的身份和权利（市民权）过程，如发展权、选举权、受教育权、社会福利保障等（张玮，2012）。简单地说，就是成为城市户籍居民，享受与城市户籍居民同等的社会发展、社会保障、社会福利待遇。在中国，市民化首先涉及的是与这些社会保障、社会权益密切相关的户籍制度，这些均可以被认为是国家、政府相关联的技术层面上的市民化过程（陈素琼、张广胜，2011）。广义"市民化"是指农村人口在身份、生活方式、行为方

---

① 新型城镇化最重要的是强调人的城镇化，推进农业转移人口市民化。包括从偏重物的城镇化特别是土地的城镇化向重视人的城镇化的转变，把有序推进农业转移人口市民化放在突出位置；从城镇市民—农民工的二元结构向居民待遇一体化转变，强调努力实现城镇基本公共服务常住人口全覆盖，实现基本公共服务均等化；从数量增长型城镇化向质量提高型城镇化转变，更加重视城镇化的质量和效益；从粗放式高物耗城镇发展方式向集约型低碳绿色的城镇化发展方式转变；从单纯"做大"城市规模向"做好"城市群、"做多"中小城市转变，更加重视城市群和大中小城市的均衡发展；从四化"分离"向四化"同步"转变，实现工业化与城镇化的良性互动、城镇化和农业现代化的互相协调，促进工业化、信息化、城镇化、农业现代化的同步发展。

式、社会权利以及社会地位等各方面向城市市民转化（刘传江、程建林，2008），以实现由传统的乡村文明向城市现代文明的社会变迁过程。

3. 市民化程度

市民化程度，即乡—城流动人口向城市居民转变的程度或与城市户籍居民的同质化程度。相对城市居民而言，市民化程度是衡量乡—城流动人口在城镇化一个阶段即市民化阶段发展水平的指标（王桂新等，2008），因此，市民化程度与城镇化发展具有密切关系。

四、城镇化质量、城镇化水平

1. 城镇化质量

对于城镇化质量问题在国外研究中并没有直接的提法，但是相关研究非常丰富。主要有城镇可持续发展研究，以环境、资源为侧重点的生态城市研究，以人为侧重点的城镇居民生活质量研究等方面。近几年，国内对城镇化质量的研究文献比较多。"均衡城镇化""可持续城镇化""稳定城镇化""健康城镇化"等概念是国内外学者提出并用来表征城镇化质量的。均衡城镇化是指，在城镇化过程中，城镇化速度始终保持在边际聚集效益等于边际聚集成本的动态均衡点上。此时，农村无剩余劳动力，城镇充分就业，城镇与农村处于一种相对均衡状态（周铁训，2001）。可持续城市化是指在城市化过程中，体现人、社会、经济、自然、环境等多要素的协调发展（王放，1999；侯学英，2005）。健康城镇化是针对城镇化过程中"城市病"问题提出的概念，指人口城镇化、经济城镇化、社会城镇化、土地城镇化、城乡间协调发展的过程（陈春，2008；段进军，2009）。陈明星等人指出健康城市化的内涵是健康的人的发展、健康的城乡互动、健康的资源环境结合的有机整体（陈明星、叶超，2011）。稳定城市化（谭学文，2012）是指在农村劳动力及其家庭在城镇稳定就业和共同生活基础上呈现出来的连续的、无障碍的、不可逆的城市化过程，包括过程稳定性和家庭完整性两个方面。

从城镇化质量的这些概念可以看出，研究角度不同，概念也不同，以至于城镇化质量的概念到目前为止仍没有一个统一的定论。从任何角度研究城镇化，始终离不开"人"在城镇化发展中的核心位置。换言之，人口城镇化是城镇化发展的核心，本书欲从人口的角度研究城镇化质量。根据中国乡—城劳动力转移的"中国路径"两步转移理论，即"农民非农化理论+农民工市民化理论"（刘传江，2008），我国人口城镇化走的是与发达国家迥然不同的

"二段式特殊路径",第一阶段是"先从农民到农民工";第二阶段是"再从农民工到市民"。目前,第一阶段已基本实现,第二阶段步履维艰,农民工市民化进程缓慢。结合当前城镇化发展的实际,农村人口已实现由农村转移到城镇,但身份只是实现了由农民到农民工的转变,并未实现市民化转变。因此,城镇化质量的研究核心点明确界定为农民工(乡—城流动人口)市民化的程度,即用市民化指数的概念衡量城镇化质量。

2. 城镇化水平

本书提出的城镇化水平的概念是建立在城镇化的核心是"人"的城镇化这一视角基础上的,城镇化水平不仅包括人的城乡空间结构的变化、数量比重的变化,而且包括人的思想观念、行为方式、生存方式、身份和职业、基本社会权利、社会地位等方面的市民化指标。因此,城镇化水平是指从城镇化"质"与"量"相结合的角度来反映城镇化现阶段的发展指标。

第三节 国内外相关文献综述

经过 200 多年的发展,世界城市化发展路径正由粗放走向集约,多数发达国家已基本达到城镇化发展的稳态。回顾中国城镇化 60 年来的发展历程可以发现,中国城镇化的发展虽已走上正轨,但由于历史、政治、制度、文化、经济等方面的原因,导致城镇化发展处于粗放、低效、低质量状态。城镇化是经济发展到一定阶段的必然趋势,反之,推动城镇化对于刺激投资、扩大内需促进经济增长、转变经济发展方式、实现现代化有着极为重要的意义。国内外学者从不同的角度对城镇化以及城镇化质量等相关问题均进行了深入研究。

一、基于可持续发展视角

从可持续发展的角度研究城镇化及其质量,主要是从系统的角度将城镇化作为经济、人口、社会、资源环境等各因子协同发展的过程去评价和认识。联合国和社会事务部统计处从社会、经济、人口、教育等方面建立含有 19 个社会经济指标的指标系统,主要指标涉及人均收入、非农业产值百分比、人口出生率、人口死亡率、文盲率、居民医生比率、蛋白质消费量等,该指标系统主要是考察各发达国家和发展中国家经济、社会、人口统计变化之间的关系(刘靖,2009);联合国人居中心对城市发展质量的研究在国际上有一定的代

第一章 绪 论

表性，评价体系包括城市发展指数（CDI）和城市指数标准（UIG）。前者包括基础设施、废弃物处理、健康、教育、生产5项内容11个指标；后者从居住、社会发展和消除贫困、环境治理、经济发展、管治5个方面来评价人类居住，指标细化为3类42项（United Nations Human Habitat，2002）。1980~1986年，经济合作与发展组织（OECD）、英国、印度、欧洲的33个世界卫生组织成员均围绕城市及城镇化可持续发展建立相应的指标体系等，也是对城镇化可持续发展的有益探索。美国斯坦福大学社会学教授因克尔斯（Encles）研究现代化指标体系包括人均GDP、农业增加值占GDP比重、第三产业占GDP比重、非文盲人口比重等指标（刘靖，2009），该标准作为现代化城市可持续发展的标准体系在国际上比较通行。尽管这些指标体系并非直接描述城镇化，但是可以反映城镇化发展中相当大的一部分内涵。

借鉴国外的研究经验，国内部分学者结合中国城镇化发展的实际，从可持续发展的角度进行了相关研究。叶裕民（2001）提出城镇化质量的研究可以从两方面进行：一方面是城市的发展质量，即城市现代化问题；另一方面是区域发展的质量，即城乡一体化问题。她认为城乡一体化是提高城镇化质量的终极目标。具体指标的设计主要从城市经济现代化、基础设施现代化、人的现代化以及城乡居民收入水平及其生活质量差异状况来反映，结论表明中国当前的城市化质量比较低。国家城调总队和福建省城调队联合课题组（2005）认为：城镇化质量一方面表现为农业人口向城镇集中和聚集；另一方面表现为城乡协调发展过程。从经济发展、生活、社会发展、基础设施、生态环境、城乡统筹6个系统及31个具体指标分别给予不同的权重建立城镇化质量的评价指标，其中权重最高和最低的分别是经济发展和城乡统筹。对华东地区六省城市化质量评价，总体认为华东地区城市化发展已过半数，达到较高水平。评价结果表明浙江城市化质量位居首位，依次是江苏、福建、山东、安徽；另外还有学者根据个别子系统构建城镇化质量指标，诸如白先春等（2004）、党兴华等（2005）、刘艳军等（2006）。袁晓玲等（2008）从物质文明、精神文明、生态文明三个方面测度城市化质量，运用聚类法将指标简化后表现为经济发展、居民生活质量、环境承载力3个方面共9个指标。（方创琳等，2011）指出城市化质量是经济城市化质量、社会城市化质量和空间城市化质量的有机统一，从经济、社会、空间三方面提出了由3类指标、12个具体指标组成的城市化发展质量综合测度指标体系。韩增林等（2009）对286地级以上城市的城市化质量进行分析，结果发现城市之间城市化质量差距明显，城市化总体质量不高。做过类似研究的还有王家庭等（2009）均持此相同结论。余晖（2010）

对长三角和珠三角新兴城区城市化发展状况进行研究，结果表明：92 个长三角和珠三角新兴城区中，城市化质量综合指数超过 0.5 以上的新兴城区占比 9.78%；26.09% 的新兴城区的城市化质量综合指数介于 0.4~0.5；超过 60% 的新兴城区的城市化质量综合指数介于 0.3~0.4。测算结果充分说明长三角和珠三角新兴城区城市化发展质量与更高标准的城市化发展进程仍相差甚远。以上研究都是从可持续城镇化的理念研究城镇化质量，研究的载体是城镇及城镇居民，并且得出共同的结论：中国城镇化率并不真实反映城镇化发展水平，城镇化质量有待于进一步提升。

二、基于城市化问题视角

各国城市化过程中产生的负面影响也是多方面的，集中体现在"城市病[①]"日趋严重，城市人口的过度膨胀；城市失业问题严重；贫富差距悬殊；城市环境恶化、交通拥堵等。巴西是发展中国家城市化发展速度最快和城市化水平最高的国家之一，存在问题主要是人口过于集中，贫富差距过大。2000 年，巴西有贫民窟[②] 3905 个，遍及巴西所有的大城市（韩俊、崔传义等，2005）。据预测，巴西在 2020 年有 22% 的总人口居住在贫民窟（周志伟，2010）。日本在城市化进程中，伴随着工业、经济集中，大城市人口过度集中，由此导致地区发展差距拉大、大气污染严重、城市生活垃圾增多、地面下沉、城市热岛效应等问题（田庆丽、宋志艳，2011）。同样，在美国、英国等发达国家也出现了类似的城市化问题。人口拥挤、交通拥堵、环境污染、住房困难等也是现阶段我国较为突出的城市病（王大伟、王宇成等，2012），从四个方面建立了衡量城市病的指标体系，测算东京、纽约、上海、北京四大城市的城市病，从综合判断指标来看，上海城市病最为严重，其次是北京，纽约的运行状况较好，接近标准城市。蓝宇蕴（2007）从城中村空间结构和社会结构视角分析，提出我国城镇化进程中出现的城中村与国外贫民窟具有相似特征，并称为"类贫民窟"。钟顺昌（2012）对我国"城中村"和拉美的"贫

[①] 城市病：在城市的吸引下，大量农村人口被吸纳到城市，然而，因城市基础设施、生活服务条件和就业机会等不能适应大量聚集人口的需要而引起一系列社会问题和经济问题，如城市人口膨胀、住宅紧张、交通拥挤、犯罪率上升、失业率增加、环境恶化等。

[②] 在西方，"贫民窟"又称"贫民区"，联合国人居规划署给出的定义是"以低标准和贫穷为基本特征的高密度人口聚居区"，它一般被看作绑架杀人、抢劫盗窃、贩毒吸毒、卖淫嫖娼等城市犯罪行为高发区。

第一章 绪 论

民窟"进行了类比分析，发现类似于拉美"贫民窟"现象的城中村问题阻碍了中国城镇化水平和质量的进一步提升。托达罗（Todaro，1969）认为，农村人口预期在大城市滞留的时间越长，找到工作的机会越大，预期收入就会越高，由此导致农村人口宁可在大城市失业也愿意进入大城市（范红忠，周阳，2010），这是发展中国家大城市的普遍存在失业和过度城市化现象的主要原因。

另外，从人力资本的角度也同样证实相同的结论，卢卡斯（Lucas，2004）的研究发现，即长期来看，农村人口长期滞留在城市工作，其人力资本和工资将会增加的更快，因此，农村人口宁可接受当前较为低下的实际收入也愿意到大城市工作（范红忠、周阳，2010），从而导致城市贫困和过度城市化。然而，就中国的情况来看，城市社会没有赋予外来流动人口发挥其自身能力的公平机会和公正权利，这是最终导致外来农村人口贫困的根本原因。吕宏芬和王积瑾（2005）、张京祥和赵伟（2006）指出城中村是地方政府的"趋利性"与政策制度的"二元性"导致的结果。周建国、尹力（2009）认为社会分配与城市化进程之间存在着高度的相关性，已经形成的两极分化的社会分配结构已经成为中国城市化继续前进的"瓶颈"。范红忠、周阳（2010）指出：在发展中国家，政府采取对大城市过度投资的政策是经济和人口过度集中于大城市的重要原因。

城市化并不能自动解决城市病问题，需要政府出台一系列政策和制度。为解决城市化问题，巴西重在改善基础设施，推广职业教育，加大对贫困人口的专业技能培训以及对落后地区经济政策扶持，避免跨区流动（周志伟，2010）。日本制定了五次《全国综合开发计划》，包括制定合理的城市规划、制定环境法①，加强环境治理、构建市民化参与机制（田庆丽、宋志艳，2011）。蔡中为（2012）概括了美国、英国、法国、瑞典的解决城市化问题的对策，指出：美国重点在于解决住房、清除贫民窟以及城市复兴。1968年《住房法案》关注为更大多数穷人提供住房。建立新城转移城市职能，通过植入新的规划理念和优化周边环境吸引大城市人口。英国采取城镇规划、区域规划、国家规划并举的方针，分别负责社区设施、居住环境，建设新城缓解老城压力同时引入大都市环状绿带，区域产业布局合理保证充分就业以及给更多的穷人提供住房。法国采用都市平衡战略引导城市化发展，着重推进不发达地区的工业化进程。瑞典主要是限制大城市增长，把工业引导到落后地区，发展经

---

① 1993年制定《环境基本法》，将城市污染及环境恶化等问题全部纳入法律体系，从法律的角度加大环境治理的力度。

济上合理的小镇。

三、基于社会排斥视角

国际移民理论认为，移民在迁入后一般表现为马赛克般的群体分割、文化多元主义和远离主体社会三种生存状态（周小刚、陈东有、刘顺百，2009）。诸多研究者将研究领域又扩展到劳动力市场不完善引起的歧视、社会冲突等。多林格（Doeringer）、皮奥利（Piore）的劳动力市场分割理论（Doeringer P. B, Piore M. J., 1971.）认为弱势群体只能从事收入低、职业声望低、劳动强度大的工作，从而劳动力市场歧视现象产生。国外的社会冲突、社会排斥的研究结果表明文化差异是导致流入地居民与外来人口出现一种"非整合"现象的原因。

国内学者李强（1995）通过对城市农民工的个案研究发现，城市农民工在心理上有不同程度的受歧视感，并认为其与市民的冲突主要源于市民对他们的歧视。美国经济学家贝克尔从歧视的视角进行研究移民所受到的社会排斥，认为移民所受到的歧视可用货币来量化，将劳动力市场上两群体间有歧视时的工资之比与两群体间没有歧视时工资之比的差额定义为歧视系数（周小刚、陈东有、刘顺百，2009）。李长安（2010）利用 CHIP2002 数据分析发现，与城镇职工相比，农民工的职业流动性远大于城镇居民，歧视性因素是导致农民工职业流动频繁的重要因素。长期以来，城市户籍市民在社会资源和竞争中占据着天然的优势，无形中形成的"一等公民"身份的意识形成等级观念，对外来的乡—城流动人口产生偏见，在行为上表现出歧视。当然，还有部分学者从社会融入的障碍以及引起的心理冲击视角进行研究，郑月琴（2005）从农民工市民化的心理、心态和困境及农民工市民化的社会文化环境两方面，分析了市民化的障碍，指出制度是根本性障碍，但是，社会文化因素和农民自身存在的矛盾心态也是不容忽视的关键问题（周小刚、陈东有、刘顺百，2009）。许涛（2012）认为城市市民与农民工存在一定的社会距离，原因主要有社会地位差异、彼此的信任降低、文化、制度、社会背景、思想观念等。李怀玉（2010）通过对河南省农民工融入心理研究，表明进城农民工由于受到不同于农村的社会经济关系的辐射影响造成心理不适应性从而形成心理障碍。具体的心理障碍体现在：双重身份结构下的心理尴尬；自信与自卑的双重心理矛盾；择业困难所形成的心理悲观；社会资源的缺乏导致心理排斥；社会认同不明确的心理剥夺和抵触。

第一章　绪　论

显然，由于劳动群体的个人特征存在较大差异，这种差异会反映在劳动力市场中。在中国，受城乡二元户籍管理制度以及自身文化素质的影响，乡—城流动人口被限制在非正规劳动力市场，享有不平等的待遇。孟昕和黄少卿（2001）、李荻和张俊森等（2005）进一步研究发现，城镇居民与农村流动人口之间的收入差异中的不可解释部分更多地来自于职业内部，因此，两者之间不仅存在职业隔离（李俊、顾艳峰，2011），同时还有较为严重的社会歧视。李萌（2004）在研究中发现多数流动者从事建筑业、私营企业、修理服务等低收入、社会地位低的非正规部门，并且在正规劳动力市场，人力资本与工资收入的关系是严重扭曲的。姚先国（2004）等人测算了城乡工资在劳资关系各方面的巨大差异的20%~30%是由于户籍歧视造成的。王美艳（2005）同样认为中国城市劳动力市场上存在歧视，外来劳动力与城市本地劳动力就业岗位间的工资差异近一半是由于歧视引起的。以上研究无论从社会冲突还是从社会距离或劳动力市场分割的角度，很明显地反映了一个基本的事实，大规模的流迁人口在不同程度上处于被排斥的状态。

相关研究表明，城镇特别是大城市当地政府和居民常常将包括城镇失业在内的很多社会问题至少是部分问题归因于不断增长的进城农村劳动力，特别是当城镇就业形势面临巨大压力时，当地政府更是采取措施对进城劳动力就业实施限制。

四、基于市民化的视角

农村人口市民化模式因不同国家的经济、社会、制度、历史等层面的原因而有所区别。发达国家城市化发展起步比较早，其农村人口市民化主要有三类代表模式，其一，日本的"跳跃式转移"和"农村非农化转移"相结合的非农化模式（周小刚、陈东有，2009）。由于在第二次世界大战后初期，日本通过大力发展劳动密集型非农产业和政府相关政策的积极引导，较短时间内完成了农村剩余劳动力非农化。其二，英国的强制性非农化模式。英国是西方发达国家中，城市化开始最早、完成最早的国家。在城市化发展过程中，主要通过圈地运动方式强制的转移农村人口，大致经历了三次比较大规模的农村人口迁移浪潮。其三，美国自由迁移的非农化转移模式。美国在农村人口非农化过程中，没有任何的政府干预，完全是市场化的结果，出自于农村人口的自由、自愿转移到城市，因此，美国农村人口市民化的模式属于自由迁移模式。由此可见，发达国家在实施农业人口非农化的同时成功地实现了国家工业化和乡村城镇化，尤以日本和美国的农村人口非农化的模式对中国实施人口非农化、城镇化具有较强的借鉴性。

中国因历史、制度等原因，在人口迁移上是半自由状态，从而导致农村人口非农化的"两阶段论"，严重影响市民化进程，因此，从市民化的角度研究城镇化质量的文献较多。研究视角包括两方面：一方面围绕市民化障碍及影响因素展开研究；另一方面是围绕市民化程度的测定进行研究。

（一）市民化障碍及影响因素研究

乡—城流动人口市民化是指离开农村、脱离农业进城务工经商的农村人口在城市非农部门就业，并逐渐转变为市民的一种过程。在这个转变过程中，乡—城流动人口的意识形态、价值观念、行为方式、生活方式、居住环境、文化素质、收入水平将会接近市民，最终实现与市民的社会融合。因此，乡—城流动人口市民化既是一种过程，也是一种结果（黄祖辉、顾益康、徐加，1989；张忠法，2003）。然而，实现农民工到市民身份转变需克服认识障碍、政策障碍、制度障碍、信息障碍和农民工的素质障碍（周丽萍，2011；姜作培，2002）。农民工在城市居住生活，但是在就业、教育、住房和社会保障等待遇方面却无法与市民平等，其根源在于现行的户籍制度（王元璋、盛喜真，2004）。常进雄（2003）提出农民就业待遇非市民化的主要原因有两个：一是体制因素造成的城市正规劳动力市场与非正规劳动力市场分割；二是农村劳动力较低的文化素质影响其工作性质和待遇，从而制约农民在城市就业的选择空间。刘传江等（2007）提出相对于第二代农民工比较强烈的市民化意愿来说，市民化能力是制约他们的市民化进程的"瓶颈"因素，束缚市民化能力的因素主要包括外部的制度因素和市场因素（如农村僵化的土地承包制度、城乡分割的劳动力市场制度和城市封闭的社会保障制度）及内在的个人因素（如人力资本和社会资本不足）。也有学者认为制度和费用来源是妨碍农民工市民化的两个最大的困难，其中，制度是这些影响因素中最重要的、最根本的因素，其他因素都在某种程度上受制于制度因素（黄昆，2011）。

因此，政府应当通过公共服务理念、组织、制度和机制创新，提升农民工享有公共服务的水平（徐增阳、古琴，2010）。在继续向深化户籍制度改革，建立城乡统一的户口登记制度方向努力的同时，综合考虑资源分配的可能性、农民工进城定居的需要，使农民工获得与城镇居民相同的公共服务或福利待遇，这可以大大降低农民工市民化的制度成本（黄力明，2012），从而提高市民化的能力和意愿（申兵，2011）。同时，增加农民工人力资本存量（杨英

第一章 绪　　论

强，2011），重视新生代农民工融入城市的政策，重点推动以新生代农民工为特征的制度改革，创新社会管理体制，完善教育培训制度（黄建新，2012）。

农民市民化除了以上学者论述的体制、人力资本障碍外，还受到年龄、受教育程度、婚姻状况等个体特征的影响（王春兰、丁金宏，2007；王哲、宋光钧，2006；王桂新、陈冠春、魏星，2010）。臧武芳（2007）等认为农民素质高低直接影响其城市经济生存适应过程、社会生活和文化心理的适应过程。进城农民的整体素质是取得市民资格的重要条件，决定着由农民向市民转化的成功率。王桂新等（2010）以上海市农民工为研究对象，考察个人自然特征、个人社会经济特征及区域环境特征三方面因素对市民化意愿的影响。结论表明：婚姻状况、流入地时间等流动人口个体特征变量以及以就业机会多寡为表征的区域因素对乡—城流动人口市民化意愿的影响具有显著性。李永友和徐楠（2011）利用方差分析方法，从两个维度对失地农民市民化影响因素进行了研究，结论表明，尽管发达地区失地农民获得了丰厚的物质补偿，但失地农民对市民身份的认同度较低，这其中与失地农民个体特征有关。董延芳等（2011）考察了个体特征、经济收入、居住条件、劳动强度、社会保障及户籍制度变量对新生代农民工流动打算（回老家和留在城市）的影响。结论表明劳动强度是农民工尤其是新生代农民工进行流动决策时的重要考虑因素，劳动强度越大，他们越有回流倾向；有较好的住房条件，农民工往往倾向留在城市；参加了社保的农民工尤其是新生代农民工也许更有回流倾向，农民工社保的严重缺失、门槛高、覆盖面窄、轻免费保障、转移接续困难等社保问题是农民工实现彻底市民化的最大障碍之一。

由于没有市民身份，不能享受城市居民的社会保障和公共服务，乡—城流动人口在城市居无定所，其工作和生活有着很大的不确定性，他们经常最大限度地降低消费增加储蓄，因此这种低质量的城镇化模式，已经严重影响了我国内需的扩大和经济增长（国务院发展研究中心课题组，2010）。

（二）市民化程度测定的研究

马用浩等（2006）围绕人力资本、生活方式、生活质量、价值观念、社会参与等六个方面的内容构建市民化指标体系，但该文并没有进行实证分析。

王桂新等（2008）选取居住条件、经济生活、社会关系、政治参与和心理认同五个维度构建指标评价体系。采用等权法测得中国城市农民工总体上已达到54%的市民化水平。在所考察的五个维度中，居住市民化水平最高，指数为61.5%；其次是经济条件、社会关系、心理认同等，市民化指数平均水平分别为 54.4%、58.2%、56.1%；政治参与市民化水平最低，为 34.8%。

刘传江等（2009）选取反映市民化四个层面即生存职业、社会身份、自身素质、意识行为的内涵指标，构建市民化进程指标体系。通过 AHP 法，测得总体农民工市民化程度为 43.06%，第一代农民工的市民化程度为 42.03%，第二代农民工市民化程度为 45.53%。在四维度指标中，生存职业是最低的，为 35.11%；然后是社会身份指标，为 50%；比较高的是自身素质指标和意识行为指标，分别为 56.37%、57.93%。

张建丽等（2011）从外部环境和新生代农民工自身情况两方面，构建了市民化指标体系。测算出大连市新生代农民工市民化水平为 25.7%，从测算的指标来看，市民化的水平较低。新生代农民工自身的市民化意愿低于市民化能力，即生存能力、与同事和当地人的沟通能力、对城市工作和生活的适应能力较强；而定居城市的意愿，城市的归属感较差。

张斐（2011）通过建立一个包括 8 个二级指标和 9 个三级指标的市民化水平分析指数，并利用等权重的办法对每个指标赋予相同的权重，复合出新生代农民工市民化水平，计算出新生代农民工处于中等市民化阶段，并以此为因变量，对影响新生代农民工市民化水平的微观因素进行了探讨。回归结果表明，新生代农民工的性别、年龄、是否具有务农经验、是否是独生子女对于市民化水平有显著的影响；而家庭因素，如打工期间是否与家人同住、父亲是否在外打工对新生代农民工的市民化水平的影响并不显著；新生代农民工主观认知层面的自评经济状况好坏以及对城市的归属感是影响其市民化水平的显著变量。

周密等（周密、张广胜、黄丽，2012）通过对沈阳、余姚两地区调查，采用需求可识别的 Biprobit 模型，选取外出务工目的、教育程度、收入的满意程度、居住方式、工作时间、职业阶层为具体指标估计出新生代农民工市民化程度分别为 62% 和 81%。

第四节 研究目的和研究方法

一、研究目的

推进市民化程度，提高城镇化发展质量已成为城镇化健康发展迫切需要研究解决的关键问题。通过梳理城镇化质量相关的理论研究和经验研究的基础上，提出市民化指数概念来表征城镇化发展的质；从市民化意愿、市民化行为、市民化能力、居住市民化、基本社会公共服务市民化的五个维度构建市民化指标体系，测度市民化程度，探讨了影响市民化的因素，最后从质和量的角度对当前城镇化水平进行修正。

通过研究分析，欲回答以下几个问题。乡—城流动人口（农民工）与城—城流动人口、城市户籍人口哪些方面存在差异？影响市民化的因素有哪些？乡—城流动人口市民化水平有多高？制约市民化水平的主要瓶颈有哪些？中国城镇化水平究竟又虚高了多少？

二、本书结构

本书共分为七章。具体结构安排及简单结论如下：

第一章为绪论。主要概括了本书的选题背景和研究意义、文献综述、研究目的、研究方法、数据来源、创新点及未来研究方向。

第二章为人口城镇化发展的国际比较。主要围绕人口城镇化发展进程的同步性和存在的问题两方面进行国际比较分析，提出市民化问题是城镇化发展的关键，也是城镇化质量发展的软肋。

第三章为乡—城流动人口市民化发展的现状。本章主要从生存发展、劳动力市场分割、基本社会公共服务、社会融合的角度对城市本地人口、外来城市人口，以及乡—城流动人口进行了对比分析，从而体现乡—城流动人口市民化的现状。

第四章为乡—城流动人口市民化指数测算。依照可操作性、代表性、综合性原则，围绕市民化意愿、市民化能力、市民化行为、居住市民化、基本社会公共服务市民化五个维度建立市民化指标体系，采用熵值法进行指数测算。

第五章为影响乡—城流动人口市民化的因素分析。影响市民化的因素是多方面的，分为制度因素和非制度因素。由于制度因素难以量化，因此，定性的分析制度因素对市民化的影响；非制度因素包括人口学因素、经济因素、与就业相关的因素、主观因素等，采用有序响应模型分析了这四方面的因子对市民化的影响。

第六章为提高城镇化质量的对策与建议。主要内容有两个：一方面，从质与量的角度，对以城镇化率衡量的城镇化水平进行修正；另一方面，阐述提高城镇化质量的对策。

第七章结语。主要是总结全书的主要观点，指出研究过程中存在的缺点和不足并提出以后进一步研究方向。

三、研究方法和数据来源

（一）研究方法

文章主要采用对比分析法、定量与定性相结合以及文献研究等分析方法，尽可能的从多角度剖析研究问题。

1. 文献研究法

依据现有的理论、事实和需要，搜集、鉴别并对有关文献进行分析整理或重新归类，通过对文献的研究形成对事实的科学认识，试图了解并掌握城镇化质量、市民化相关选题的研究成果和前沿动态，从中找到选题的契机。文章中文献综述部分主要采用的是文献研究法，在全面搜集有关城镇化质量、市民化等相关文献资料的基础上，经过归纳整理、分析鉴别，对这个领域的研究成果和进展进行系统、全面的叙述和评论。

2. 比较分析法

通过比较相似事物间的异同以达到认识事物本质和规律并作出正确评价。文章中有两部分采用了此方法：其一，对比分析中西方城镇化发展进程以及存在的问题；其二，对比城市三群体即城市当地居民、外来市民、乡—城流动人口的生存发展、就业、居住、基本社会公共服务等现状，从而揭示市民化是提高城镇化质量的关键。

3. 实证研究法

采用熵值法，从市民化意愿、市民化能力、市民化行为、居住市民化、基本社会公共服务市民化五个维度构建市民化指标体系，测量乡—城流动人口市民化水平；采用聚类分析法对 31 个省（区、市）进行聚类分析；采用有序响应模型（ologit）分析影响市民化水平以及五个维度的因素；从城镇化质和量相结合的角度，建立双 Q 模型测算中国人口城镇化水平。

（二）数据来源

本书第二章所用数据来源于中国统计年鉴（1980~2015 年），其他章节所用数据主要来源 2010 年、2011 年国家流动人口动态监测调查数据库①。国家流动人口动态监测调查数据是国家人口和计划生育委员会流动人口服务管理司

---

① 数据来源由国家卫生和计划生育委员会流动人口服务管理司提供。

第一章 绪 论

的问卷调查资料。该调查在全国范围内进行，采取多阶段分层抽样方法，按照随机原则在31个省（区、市）抽取样本点，使调查结果对全国和多数省有较好的代表性。全国总样本量128 000人，各省样本量分4个等级，最多的为10 000人（广东省），其次为6 000人（江苏、浙江、新疆），再次为4 000人（北京、天津、河北、山西、内蒙古、辽宁、黑龙江、上海、安徽、福建、江西、山东、河南、湖北、湖南、广西、海南、重庆、四川、云南、贵州、陕西、甘肃），最少为2 000人（吉林、西藏、宁夏、青海）。从样本的地区分布看，调查样本覆盖31省市和新疆建设兵团410个地、县级单位，包括3 200个乡镇街道，6 400个村居委员会。调查内容包括流动人口基本信息，就业、居住、计划生育/生殖健康等公共服务情况以及社会参与、社会融合状况等。调查对象是在本地居住一个月及以上，非本地（县、市）户口的15~59周岁流动人口。

第二章

中国人口城镇化发展的特殊性

本章主要结合发达国家城镇化发展经验,利用宏观数据以及微观调查数据对中华人民共和国成立以来城镇化发展进程中人口城镇化与社会、经济、产业结构、制度等发展的同步性以及存在的问题进行比较分析,从中找出当前中国人口城镇化发展的实质瓶颈。

第一节 人口城镇化发展进程的特殊性

人口城镇化进程是一个复杂的经济、社会、人口、制度等各方面相互配合、相互协调发展的系统工程。通过对比发达国家城镇化进程中各子系统同步发展的实际,审视我国人口城镇化进程中,经济、社会、产业、制度等与城镇化发展的协同性。

一、发达国家人口城镇化发展进程具有同步性

发达国家人口城镇化与社会政策民生化、工业化大致是同步发展的,简称"三化同步"。高佩义(1991)提出发达国家是"六化同步",即政治民主化、经济自由化、产业革命化、市场国际化、社会现代化和人口城市化基本上是同步发展的,体现高质量的城镇化。不管是"六化"还是本书提出的"三化"反映的实质内容上基本是一致的,即社会政策、产业发展与人口城镇化有着非常密切的内在的必然联系,形成一个系统,缺少任何一方面都不能使发达国家的城镇化发展取得世界领先的地位。

发达国家城市人口比重的提高与人均国民生产总值的增加呈正相关关系。

第二章 中国人口城镇化发展的特殊性

从静态上分析，凡是人均国民生产总值高的国家，一般城市化水平也比较高。动态来看，英国、美国、法国、日本等发达国家城市人口比重的提高与人均国民生产总值的增加基本上是一致的。此外，发达国家的城镇化率与工业化率同样也是正相关的关系。换言之，在发达国家，城市人口比重的提高与从事非农产业的人数占总就业人数的提高是相适应的。从制度来看，发达国家乡村人口向城市转移无行政障碍，某种程度上体现了政治的民主化。在发达国家，城市人口无户籍管理，在政府无城市偏向政策的前提下，城市居民也就对乡村居民无乡村歧视的观念和行为，也正因为如此，在城市化进程中，城乡劳动力呈自由流动的循环状态。

1. 德国

自工业革命开始后，德国整个经济结构发生了变化，农业人口向非农行业流动，大规模劳动力从农村转移到城市，从而加速了德国城市化发展进程，19世纪末，德国基本完成城市化进程。德国人口城市化进程与工业化是同步发展的。数据显示，19世纪70年代，德国非农产值占比68%，相应的城镇人口占比为54.4%；20世纪初，德国非农业产值比重为70%，居住在城市的居民占比为60%（肖辉英，1997）。与此同时，为消除人口流动障碍保证实现城市化，德国政府在社会制度、政策安排、相关法律上进行了革新[1]，使德国农业剩余劳动力转移城市以及不同行业自由流动提供法律保证；面对农业转移人口的住房拥挤问题，通过建立和健全法规，德国企业和政府同步实施解决工人住房以及相应的自来水、环境卫生问题；在解决农业流动人口子女受教育问题方面，德国政府采取地方办学和国家办学同时并举方针，使得国立学校和地方学校具有同等地位，明确规定所有学龄儿童均享有免费教育的权利；社会保障机构不断健全和完善，除实行工伤事故、疾病等保险外，全国范围内建立了失业保险救助组织及职业介绍所等。在社会政策及法律法规健全的背景下，这些组织机构的建立在一定程度上解决了农业流动人口存在的社会、居住、卫生、教育等问题，同时进一步发展了城市的职能，由此产生了因社会生产力的发展形成的真正意义上的农业人口市民化的蜕变，体现了工业化、社会发展与人口城市化的互为作用、同步发展。

---

[1] 1815年6月公布了德国人自由迁徙的规定；1867年公布"职业自由法"；在19世纪的最后20年里，全国范围内成立失业保险组织（1896年）、职业介绍所（1879年）、医疗服务学校（1883年）等。

2. 英国

英国是世界上最早开始和实现城市化的国家。18 世纪 60 年代工业革命极大刺激了城市经济、产业发展，吸引大量农业剩余劳动力集聚城市。数据显示，1851 年城市化率为 54%，工业劳动力雇佣率为 42.9%；1901 年城市化率为 78%，工业劳动力雇佣率为 46.3%（Jeffrey G. Williamson，2002）。就时间的前后来看，英国人口城市化进程与工业发展是同步进行的。对于大量的农村人口进城造成诸多城市社会问题，英国政府的政策经历了不干预—公共政策干预（1851~1913 年）—社会政策干预的变迁（何洪静、邓宁华，2012）。在公共政策干预阶段，主要是针对农村移民住房、救助、公共教育、就业等方面制定了一系列的法律法规和相关的政策。19 世纪上半叶制定"穷人定居法"，在法律上保障了农村移民在城市居住的权利（Taylor. J. S，1976），同时，提供低息贷款帮助住户购房①；不但如此，英国政府开始加强突出义务教育为内容的公共教育和改善劳动条件的立法②，这一系列公共政策及法律的实施，增加了劳动者的休闲时间，降低了劳动力市场的过度竞争，并且有利于住房条件的提高。在社会政策干预阶段，增加面向农村移民的公共住房，同时引入社会保险体制，改善农村转移人口的社会福利，农村转移人口的社会属性发生巨大变化，从而使英国成为农村移民宜居的城市社会。

3. 日本

日本工业化起始于明治维新，第二次世界大战后，以四大工业地带为主的工业及其他相关产业迅速发展吸引大量的农村劳动力人口，进入城市化快速发展时期。数据显示，日本非农就业比率由 1955 年的 51.5% 提升到 1970 年的 71.7%，相应的城市化率由 56.1% 提升到 72.1%，人口城市化与工业化几乎是互为影响、同步发展。随着产业结构调整、城市化发展，流动人口住房、教育、公共卫生、就业等引起日本政府关注。日本政府为农村人口顺利转移到城市，从制度上保障进城人员的身份、权利、社会地位，不但为进城农村人口提供与城市居民相同的社会保障和市民身份，同时，严格要求企业对劳动者的雇用保障采用"终身雇用制"的方式，进一步确保农村人口进城后不会陷入困境。农村人口迁往城市非农化的这一过程中，不仅从事的职业上发生了转换，而且在地域和生活方式上也发生了相应的变化，即农村居民由农村转移到城市

---

① 1875 年《工匠住宅法》授权各市议会负责规划被认为不卫生的区域，强迫住户购房，同时让其有权从公共工程贷款委员会获得低息贷款。

② 1874 年《工会法》，规定工人每周工作时间 56 个小时。1891 年《教育法》规定，小学教育可免交学费，并要求对无正当理由的、不送孩子上学的家长处以罚金。

第二章 中国人口城镇化发展的特殊性

与农民市民化是同步进行的。

日本政府主要实施的是法制化的均等化制度，即用法律来保证社会中每个人均享有公平的、均等的基本社会公共服务。1946年通过颁布《生活保护法》《儿童福利法》《残疾人福利法》等建立了全国统一的最低生活保障制度和社会福利制度；1947年，日本政府为提升全面素质，实现全民教育，颁布《基本教育法和学校教育法》，将义务教育提高到9年（于培伟，2007），同时，加大对农村劳动力的专业技能培训，联合当地企业建立以政府和企业为主题的就业信息网，增加就业机会。为缓解大城市交通、住房、环境等压力，日本政府加大对住房、基础设施建设、医疗、教育的投入力度，有效地保证了人口城市化的平稳发展。

4. 加拿大

第二次世界大战以后，加拿大城市经济规模扩大，生产集约化程度提高，新兴高技术行业崛起以及第三产业的迅速壮大吸引了大量的劳动力人口向大城市集聚，城市化迅速发展。1971年人口城市化水平超过75%，自2000年后，约90%以上的加拿大人口居住在城市，属于"高度城市化国家"。加拿大政府为吸引大量的技术型和投资型劳动力人口，制定一系列公共服务政策，体现在以下几个方面：一是公共财政在教育、卫生开支的比例近30%，并且每年绝对值呈上升趋势（马海涛、姜爱华等，2011）。每个5~18岁的孩子可以享受免费接受义务教育的权利，对于医疗服务，在全国实行统一标准的"国家基本医疗保险"。二是在关系社会民生的政策均依照法律程序出台，从法律方面保障公民的生存和发展，例如，对工薪阶层实行强制的就业保险，以保证每位失业人员均可以领到最低的生活保障标准。三是每位公民享有最基本的住房保障，为保障低收入家庭获得住房所有权，政府提供低息贷款。四是将均等化纳入宪法，内容包括三个层面，即居民福利均等化、机会均等化和基本社会公共服务均等化。

从德国、英国、日本、加拿大等发达国家城镇化发展的过程来看，城镇化的发展是经济、社会政策、产业等各方面与人口城镇化互相促进、协调发展的过程。

二、中国城镇化发展进程中的非同步性

发达国家人口城镇化是与经济、社会、产业等各方面协调推进的过程。与发达国家城镇化相比，我国城镇化发展存在脱节的现象。

(一) 产业结构调整速度滞后于人口城镇化

衡量产业结构的指标通常采用非农就业比例，即用第二、第三产业就业人数占总就业人数的比重表示。整体考察，1979~2010年，非农就业人口比重始终高于城镇人口比重，平均高13.85个百分点。但是，从速度指标看，城镇化速度平均为3.21%，非农业结构调整速度为2.44%。显然，非农就业结构调整速度滞后于人口城镇化速度0.77个百分点，城镇人口增加的速度快于非农就业人口增加的速度（图2-1）。

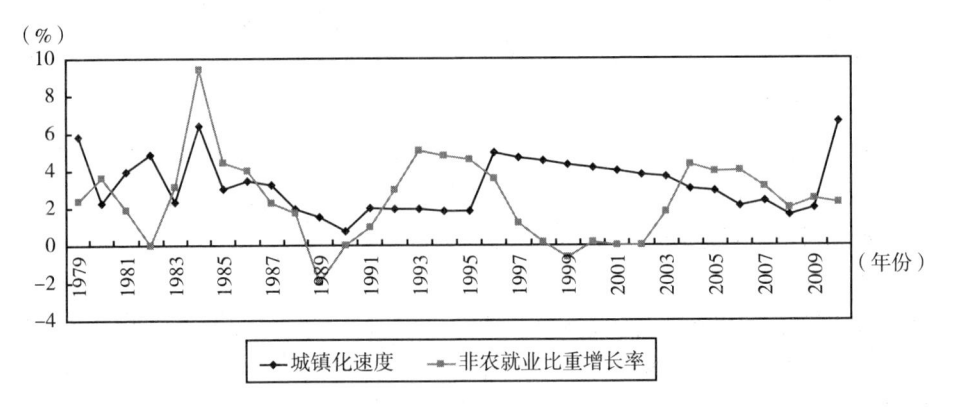

图2-1 人口城镇化与产业结构调整比较

(二) 人口城镇化快于社会发展

发达国家城镇化发展经验表明城镇化应与基本社会公共服务同步发展。然而，中国城镇化发展的实际已超前于社会发展。基本公共服务是为维持经济社会的稳定、基本的社会正义和凝聚力，保护个人最基本的生存权和发展权，为实现人的全面发展需要政府及社会为每个人都提供基本就业保障、基本养老保障、基本生活保障、基本的教育和文化服务、基本的健康保障等。伴随城镇化快速扩张，城镇人口规模急剧膨胀，政府提供的社会公共服务保障和社会管理严重滞后致使大规模流动人口处于公共服务的边缘。流动人口虽为城市建设和发展做出巨大贡献，但其福利和应享有的教育、医疗、社会保障等都被排斥在城市社会体制外，生存状态长期边缘化。具体表现为：公共卫生与基本医疗服务方面是流动人口最现实的需求。调查显示，2/3以上的流动人口不去正规医院看病，主要原因是正规医院医疗费用太高，在缺乏基本医疗保险的情况下，远远超出经济支付能力；政府对流动人口就业服务和职业培训的制度供给、资

第二章 中国人口城镇化发展的特殊性

金投入的供给数量和供给水平还处在较低层次。国家统计局的专项调查表明，50.2%的农村流动人口参加过职业技能培训，且多数是临时的、短期的岗前培训。设立的失业救助机制一般优先考虑城镇户籍人口，流动人口处于边缘状态；城镇提供教育基本公共服务不足。由于城乡户籍制度制约，流动人口子女一般情况下只能选择农民工子弟学校。农民工子弟学校办学条件差、师资弱、流动性大；基本社会保障在农村流动人口中的覆盖面偏低。国家统计局的调查表明，74.81%的流动人口未参加任何保险。有分析表明，农村流动人口的社会保障指数只有0.251[①]，这说明享受的基本社会保障水平只有城镇居民的25.1%，差距悬殊。医疗卫生、养老、教育、就业等社会基本公共服务的供给不适应城镇化快速发展态势已经威胁到半城镇化人口最基本的生存权和发展权。

"十二五"期间，人口城镇化率提高约4个百分点，依据联合国的人口预测结果推算，2020年乡—城流动人口规模新增到3亿人左右。庞大规模的流动人口充斥并考验着中国这种特殊体制下的城镇公共服务的供给。不完善的基本公共服务和社会保障制度，同户籍制度相互作用、相互强化，使得流动人口难以以均等化的方式享受医疗、就业、养老、教育、治安等公共服务，逐渐成为制约城镇化健康发展的短板。

（三）人口城镇化速度滞后于经济发展

对于城镇化与经济增长之间的关系，众多学者从不同研究视角进行了大量的理论解释和实证研究，结论表明城镇化与经济增长具有显著的相关性（程开明，2007；周一星，2006；高佩义，1992；H. 钱纳里，1988），城镇化率与人均GDP的数学模型也表明经济发展引起城镇化水平的提高。

从城镇化率和人均GDP的速度变量看，依据1955~2010年时序数据，二者速度的相关系数仅为0.56，两者的速度变量成正相关。以人口城镇化速度为因变量，人均GDP增长率为自变量建立数学模型 $y = \alpha + \beta x + \varepsilon$（$y$代表城镇化速度；$x$代表人均GDP增长率；$\alpha$、$\beta$为常数项；$\varepsilon$为误差项），模型回归系数显著，但是经济增长速度只能解释人口城镇化速度的32%，暗含着除了经济增长外还有其他主要因素是推进中国城镇化发展的主要动力。根据数据考察，1955~2010年，人口城镇化速度平均为2.46%，人均GDP增长速度平均

---

① 人民网.《百姓、民生——共享基本公共服务100题》, http://theory.people.com.cn/GB/68294/117763/index.html.

为6.19%。显然，经济增长速度快于人口城镇化（图2-2）。

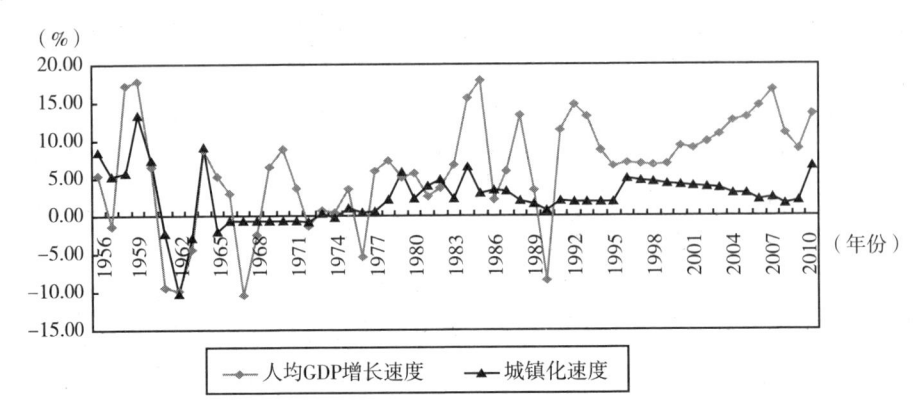

图2-2 人口城镇化与经济增长速度比较

（四）制度安排滞后于人口城镇化

制度安排滞后于人口城镇化，主要是指横亘在城乡之间的户籍制度制约着乡—城流动人口的城镇化、市民化。上面已表明，经济发展只是城镇化发展的主要动力之一。城镇化进程滞后于经济发展，很大程度上受到制度、体制的影响（高佩义，1993）。依据人口城镇化率的变动状况，中国60年的城镇化发展进程大致可以分为三个阶段：第一阶段，1949~1977年；第二阶段，1978~1995年；第三阶段，1996~2016年。

1. 1949~1977年，中国城镇化发展处于起步和停滞阶段

1949~1977年，中国城镇化经历了起步和停滞阶段。1949~1960年，城镇化发展速度平均为7.97%。国家处于经济恢复时期，城市建设吸引了大规模的农村人口。城市迁往乡村和乡村迁往城市人数之比为1∶1.8（任素华，1988），也就是意味着城乡之间的迁移呈现对流的良性循环状态。然而，1961~1965年，实施对农产品实行统购统销、关闭乡村集市贸易、人民公社化运动、取缔私营经济，再加上1964年国务院批准了公安部《关于户口迁移政策规定》，对城市人口实行严格控制政策，出现大批城市人口向农村迁移的人口倒流的现象，因而这期间城镇化平均速度为-1.66%。1966~1976年是"文化大革命"时期，整个社会发展处于瘫痪状态，城镇化发展处于中华人民共和国成立以来的停滞时期，城镇化平均速度为-0.28%。

2. 1978~1995年，中国城镇化发展处于复苏阶段

1978~1995年，中国城镇化速度平均为2.85%。1984年，中央颁布的

第二章　中国人口城镇化发展的特殊性

《国务院关于农民进入集镇落户问题的通知》规定：农民可自带口粮进镇落户、务工经商，镇人口增加比较快。同时乡镇企业迅速在全国各地迅猛发展吸引了大量农村剩余劳动力，开创了"离土不离乡"劳动力转移模式，进一步加速了城镇化进程。然而，20世纪90年代初乡镇企业的发展速度放慢，减少了对劳动力的需求。"离土不离乡"模式对于农村劳动力转移的作用逐步减弱，使得1990~1995年城镇化发展速度为1.72%，低于1978~1995年的平均速度。

3. 1996~2016年，中国城镇化发展处于加快推进阶段

1995~2011年，城镇化速度平均为3.62%。20世纪90年代中后期一系列关于引导和鼓励农村劳动力流动的政策[①]，以及户籍制度的逐步放松[②]降低了农民进城的门槛，促进了"离土又离乡"农村劳动力转移模式的形成。自此以后，城镇化发展处于加快推进的阶段。

经历了68年后，户籍制度逐步放松使得农民由农村转移到城镇得以基本实现。然而，现实中，农民由农村转移到城镇与农民市民化并非同步进行。由于户籍制度，特别是附加在户籍制度上的城市居民福利和农村居民福利差别的限制，大部分在城镇居住半年以上被称为城市人口的乡—城流动人口仅仅只是实现了常住居住地和职业的转换，而其生活方式、消费观念以及作为常住地城

---

① 1993年11月，《中共中央关于建立社会助于市场经济体制若干问题的决定》明确提出：鼓励和引导农村生育劳动力逐步向非农产业转移在地区间有序流动。2000年1月，劳动与社会保障部办公厅下发《关于做好农村富余劳动力流动就业工作的意见》，提出促进劳务输出产业化，保障流动就业者合法权益。2003年1月，国务院办公厅下发《关于做好农民进城务工就业管理和服务工作的通知》。提出强化政策引导，取消对农民进城务工就业的各种不合理限制，切实解决拖欠和克扣农民工工资问题，做好农民工进程就业服务工作。2006年1月，国务院发布《关于解决农民工问题的若干意见》，指出农民工问题事关我国经济和社会发展全局，解决农民工问题是建设中国特色社会主义的战略任务。同时提出了做好农民工工作的基本原则以及要求。

② 1997年6月，国务院批转了公安部《关于小城镇户籍管理制度改革试点方案和关于完善农村户籍管理制度意见》，提出：允许已经在小城镇就业、居住并符合一定条件的农村人口在小城镇办理城镇常住户口，以促进农村生育劳动力就近、有序向小城镇转移。经批准落户人员与当地原有居民享有同等待遇。2000年3月，国务院批准《关于推进小城镇户籍管理制度改革意见》，规定在县级市市区、县人民政府驻地镇基期建制镇，只要有"合法固定住所，稳定职业或生活来源的人员及与其共同居住生活的直系亲属，均可根据本人意愿办理城镇常住户口，根据本人意愿，可保留其承包土地经营权，也允许依法有偿转让。"并规定在教育、就业等方面与当地居民享有同等权利。2010年5月，中国政府网公布《国务院批转发展改革委关于2010年深化经济体制改革重点工作意见的通知》提出：深化户籍制度改革，加快落实放宽中小城市、小城镇特别是县城和中心镇落户条件的政策。逐步在全国范围内实行居住证制度。2012年2月，《国务院办公厅关于积极稳妥推进户籍管理制度改革的通知》提出：放开地级市户籍，清理造成暂住人口学习、工作、生活不便的有关政策措施，有关就业、义务教育、技能培训等政策措施不要与户口挂钩，继续探索城乡统一的户口登记制度。

镇居民身份应享有的基本福利和社会待遇等仍未发生转变。因此，户籍制度仍然是阻碍城镇化发展的一道屏障。

综上所述，中国城镇化发展进程中，社会发展、经济发展、政治及制度与人口城镇化发展处于脱节的状态。社会发展、经济发展及与城镇化发展相关的制度安排滞后于人口城镇化发展进程；从发展水平看，经济发展与城镇化发展水平呈正向相关。但是，速度比较显示，人口城镇化发展滞后于经济发展速度，并且两者呈弱相关，说明经济发展并不是中国城镇化发展的主要动力。这一结论与发达国家的城镇化发展基本动力是经济发展的经验相悖。结合上面的分析结果，中国城镇化发展进程的快慢不是取决于经济发展的动力而是取决于政府提供的制度安排以及现行的社会体制。

第二节 人口城镇化发展存在问题的特殊性

一、国外城镇化发展存在的问题

发达国家与发展中国家在城镇化进程中基本上都遭受过不同程度的"城市病"，包括：交通拥挤、住宅紧张、环境污染、犯罪、社会骚乱、失业、贫民窟等。城镇化阶段不同，"城市病"的类型和严重程度不同。在城镇化达到50%以前，全社会的目标都集中在经济效益为主，忽略甚至牺牲生态效益和社会效益来发展经济，以至于出现各种"城市病"。

英国是第一个实现城镇化的国家。工业化的迅猛发展推动城镇化进程，农村人口源源不断离开农村涌入城市，为此引发城市基础设施不足和组织的混乱。英国经济史学家哈蒙德夫妇用"迈达斯灾祸"来形容这段历史，就是我们所谓的"城市病"。在城镇化早期，城市的住房、基本生活设施难以满足大规模迁移农村人口的实际需要，城市病主要表现在住宅拥挤、环境污染、管理混乱、贫民窟、卫生状况恶化最终引发瘟疫横行。

在所有发展中国家，拉丁美洲国家的城镇化发展步伐是最快的，仅用了25年接近欧洲发达国家的城镇化水平，并且发展速度远超过欧洲发达国家。拉美国家城镇化的超前发展与经济发展水平不相适应。城市无法为急剧膨胀的人口提供就业、生存及发展的条件和资源，爆发了严重的"城市病"。主要体现以下几点：一是快速、无节制的城镇化发展趋势，造成人口地理分布极度不平衡，加剧地区间经济发展的差异较为悬殊，最终出现贫富差距扩大的现象；

第二章 中国人口城镇化发展的特殊性

二是城市住房紧张,满足不了城市人口急剧膨胀引发的需求,导致大量的贫民窟出现;三是城市人口猛增,使社会治安难于治理,毒品、暴力、道德沦丧等问题层出不穷。

日本用了不到30年的时间在亚洲率先实现了城镇化,完成了欧美发达国家100年才完成的城镇化过程。然而,伴随着经济高度增长,工业化和城镇化进程加快,化学污染、光污染、交通噪音、废气污染、城市生活垃圾等现象日益严重;由于过度注重工业发展及城镇化发展速度,城市人口过于密集,加剧了城市"拥挤症":住房拥挤、交通拥挤等现象。

国际经验表明,"城市病"不是某一个国家所特有的,也不是某一个国家所能回避或逾越的,而是城镇化发展过程中的必然现象,随城市化速度的加快而产生,也随城市化的完全实现而康复。快速城市化的阶段往往是各种"城市病"的频发期(陈郁,2012),其深层次的原因在于,城镇化发展的无序、过度、过快、违背城镇化发展的客观规律,城市的生态资源、经济资源、基础设施资源、社会资源与膨胀的人口规模带来的需求产生巨大矛盾,导致城市承载力"过载"及城市经济、社会、资源、人口等各要素之间关系失调,最终造成城市社会发展的不可持续。

二、中国城镇化发展存在的问题

中国城镇化水平由20%提高到50%用了30年的时间,是欧美发达国家经历时间的1/3。伴随着城镇化的高速发展,中国特殊体制下的"城市病"愈益严重。基于中国的国情、政策、制度、体制等不同,中国城镇化发展存在的问题主要体现在两方面:一方面,体现在大城市人口过度膨胀引发的环境污染、交通拥堵等"城市病";另一方面,体现在现行城乡双重体制背景下造成的"半城镇化"问题,即由农村转移到城市的乡—城流动人口名义上具有常住城镇居民身份但实际上并未实现市民化。

1. 城市人口膨胀引发的"城市病"

改革开放以来,中国城镇化水平由1978年的17.92%上升到2016年的57.35%,城镇人口由1.72亿人上升到7.9亿人。城镇化快速发展,一方面,为城市社会经济发展提供丰富劳动力资源;另一方面,城市人口急剧扩张导致各类城市基础设施供给滞后于城市人口增长,引发一系列矛盾,出现环境污染、就业困难等城市病。主要表现为:其一,受经济发展差距的影响,大规模流动人口流向北京、上海、广州等地形成特大城市。由于经济条件限制,乡—

城流动人口住房简易、环境卫生状况恶化，导致北京、广州等大城市区域出现为数众多的"棚户区"，存在较为严重的安全隐患和卫生隐患，不利于城市社会管理；其二，迅速推进的城镇化以及大城市人口急剧膨胀使得城市交通需求与交通供给的矛盾日益突出，主要表现为交通拥挤以及由此带来的污染、安全等一系列问题。交通拥堵不仅会导致城市经济社会诸项功能的衰退而且也会造成城市生存环境的持续恶化，居民生活质量也会随之下降；其三，受区域、城乡经济社会发展不平衡的影响，大城市和优势地域吸引了全国的人力、物力、财力等各种要素资源，导致中国出现经济社会发展的"过度倾斜"，一边是城市中心区繁荣发展，另一边是边缘城镇和乡村的停滞和落后。"城市病"虽然是城镇化进程中无法避免的，但从发达国家的发展经验看，随着城镇化进程完成以及相关政策的出台、完善，"城市病"是可以克服的。

2. 特殊体制下的"半城镇化"

半城镇化，即农民实现了由农村到城市的转移以及非农业的转换，但没有实现身份转变，没有与城市的社会、制度、文化系统实现有效地衔接真正融入城市社会，仍然是在城市产业的农民工人。半城镇化是中国特殊体制下城镇化发展不彻底的体现，如上所述，由于中国实行的是以户口管制为核心的城乡双重体制，农民被排斥在城市体制之外。因而，半城镇化的最深层次的社会根源在于横亘在城乡间的户籍管理下的双重体制，非农化水平滞后于居住地人口城镇化水平是半城镇化最直接的体现。

根据现行的城镇人口统计口径，城市人口包括三类人：第一类是指有正式的城市户籍的在册人口，这部分人口相当于以往国家统计机构通常所说的"非农业人口"；第二类是已经在城市居住、生活、劳动，但没有正式户籍的"乡—城流动人口"，即"农民工"；第三类是没有正式户籍，但从事非农产业并享有市民待遇的城—城流动人口。非农化水平是指具有城市户籍的在册人口占总人口百分比。

与居住地人口城镇化水平相比，人口非农化水平总体低于居住地城镇化水平，特别是改革开放以来，两个指标衡量的城镇化水平差距逐渐扩大，人口城镇化发展与人口非农化并非同步进行。历史考察，20世纪50年代到60年代初期，非农化的水平略高于人口城镇化水平；1963年两者基本持平，城镇人口与非农化人口相差62万人，城镇化水平仅差0.14个百分点；之后，人口城镇化水平始终高于人口非农化水平，差距日渐扩大，2009年城镇人口与非农业人口规模相差1.72亿人，人口非农化水平为33.77%，居住地人口城镇化水平是46.59%，两者相差12.82个百分比（见图2-3）。速度比较，1955~

第二章 中国人口城镇化发展的特殊性

2015 年，人口非农化速度平均水平为 2.48%，居住地人口城镇化平均速度为 4.88%。居住地人口城镇化速度是非农化速度的 1.97 倍，充分说明自建国以来，居住地人口城镇化发展水平和速度均高于人口非农化（见图 2-3）、市民化水平较低。

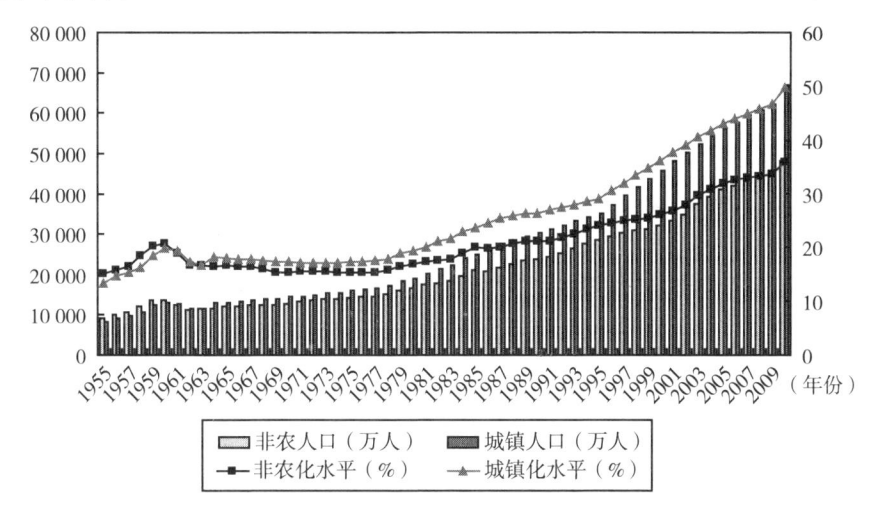

图 2-3 人口城镇化与人口非农化动态比较

现行的二元户籍管理体制背景下，非农业人口是政策性城市人口的基本构成部分，在正规劳动力市场实现就业，享有政府提供的教育、医疗、养老、就业、居住、培训等各项社会福利和服务。然而，从职业和居住场所被认定为城市人口的乡—城流动人口从户籍角度是农业人口，一直被当作纯粹的经济意义上的劳动力，被局限在经济领域的次级劳动力市场，从事非正规就业，从体制上没有赋予其他基本的权益，无法享有政府提供的各种社会保障和社会福利，属于非政策性城市人口，非真正意义上的市民，处于半城镇化状态。因而，解决半城镇化问题的关键在于从体制、制度上赋予乡—城流动人口应有的权益和保障，实现市民化身份的彻底转变。

第三节 本章小结

本章结合国际城镇化发展经验，利用宏观数据以及微观调查数据，对新中国成立以来城镇化发展进程中人口城镇化与社会、经济、产业结构、制度等发展的同步性以及存在的问题进行分析，结论如下：

第一，对我国和德国、英国、加拿大、日本等发达国家人口城镇化进程与产业结构、社会制度建设的同步性进行比较分析。研究发现先行的工业革命、开放的社会、制度和文化环境、自由民主的政治体制是发达国家城镇化与产业、经济、社会保障全面覆盖实现同步发展的重要原因。中国由于人口基数大、经济实力、双重二元体制等，城镇化与社会、产业、经济、制度等方面存在脱节现象。

第二，对我国与发达国家城镇化进程中存在的主要问题进行了比较分析。研究发现，我国与发达国家城镇化发展存在的共性问题是"城市病"，"城市病"是城镇化发展进程中不可避免的必然现象。由于城镇化发展无序、过度以至于超过城市基础设施和社会发展的步伐，最终引发城市发展混乱。但是，只要制度合理，注重基础设施建设、环境保护、污染治理、社会保障体系建设等完全可以将"城市病"控制在一定的限度内，以致消除，不会成为制约城镇化健康发展的"瓶颈"。

第三，有别于发达国家城镇化发展的根本性"瓶颈"是由于特殊的管理体制、制度安排造成的市民化问题，即发达国家城镇化发展的基本动力是经济型，因而乡—城人口流动不存在行政障碍，城镇化发展是农民由农村转移到城市和农民市民化同步实现。中国城镇化发展的基本动力是政治制度型，乡—城人口流动受到二元户籍管理制度制约，因而农民由农村转移到城市经历45年才逐步放开，至今还未享有均等的市民化待遇。

综上所述，城镇化发展进程的非同步性以及特殊的管理体制、制度安排严重影响市民化进程；市民化问题是我国特有的制度产物，同样是制约城镇化发展的主要"瓶颈"。

第三章

乡—城流动人口市民化现状分析

受户籍制度的约束，乡—城流动人口的社会身份依然是农民，但是他们已经不通过农业生产方式而是作为产业工人或服务人员来获取经济和社会资源，成为城市发展中极为重要的组成部分。随着规模越来越大，这一特殊的城市阶层不能迈过"市民化"这道槛，长此以往，极易引发严重的社会问题。

研究数据来源于2010年国家流动人口动态监测数据库。调查对象是城市户籍人口、城—城流动人口和乡—城流动人口；调查内容涉及人口的基本情况、就业、收入、住房、社会保障、社会参与、心理等。乡—城流动人口男性占比51.95%，女性为48.05%；平均年龄为32岁，若以出生年份1980年为分界点，第一代比重居多；平均受教育年限为9.68年，以初中教育水平为主，占比57.8%；流动范围以跨省流动和省内跨市流动为主，占比分别为47.74%、47.25%；平均流动时间为3.64年，其中35.87%的乡—城流动人口流动时间在4年以上。

第一节 生存与发展现状

一、自身素质状况

1. 受教育水平

乡—城流动人口受教育水平以初中及以下为主，普遍低于城市户籍人口和城—城流动人口。从受教育年限看，乡—城流动人口平均受教育年限为9.68年，城市户籍人口和城—城流动人口的受教育年限分别是11.28和12.90年。

从学历构成看,乡—城流动人口的初中及以下学历占比71.71%,高中、中专学历占比23.31%,大专以上占比4.98%;城市户籍人口和城—城流动人口的学历基本集中在大专以上,占比接近一半,分别是42.34%、42.49%,初中及以下的学历占比分别是24.36%、25.83%(见表3-1)。

表3-1　　　　　　　城市常住人口受教育程度状况　　　　　单位:%

教育程度	城市户籍人口	乡—城流动人口	城—城流动人口
	频率	频率	频率
未上学	0.45	0.98	0.35
小学	4.44	12.68	2.79
初中	19.47	58.05	22.69
高中	23.64	16.88	19.55
中专	9.67	6.43	12.13
大专	21.89	4.17	21.55
本科	18.33	0.81	19.02
研究生	2.12	0	1.92
合计	100	100	100

资料来源:2010年国家流动人口动态监测数据。

2. 技术职称

相比城市户籍人口和城—城流动人口而言,乡—城流动人口中劳动技能水平偏低。从样本调查数据看,乡—城流动人口中仅14.5%有技术职称,其中初级、中级分别占比4.59%和4.07%;高级工、技师以及有专业技术职称的合计仅占比5.84%。城市户籍人口和城—城流动人口中具有技术职称的比例分别为23.87%、29.71%。比乡—城流动人口的专业技术职称比例14.5%高出9.37、15.21个百分点。

乡—城流动人口文化素质、劳动技能明显偏低直接影响能否顺利就业和能否进入较高层次的就业领域。随着技术进步和产业转型速度加快,城市产业对劳动力的要求逐步提高,需要有较强的专业性和技术性的劳动力。乡—城流动人口一无文化、二无技术的特点很难进入主流劳动力市场,一定程度上增加了市民化的难度。

第三章 乡—城流动人口市民化现状分析

二、经济状况

1. 月收入水平

乡—城流动人口收入水平偏低。样本数据显示，乡—城流动人口月工资平均水平为 3 096.59 元。城市户籍人口、城—城流动人口月工资平均水平为 4 558.39 元、4 691.60 元，分别是乡—城流动人口的 1.47 倍、1.52 倍。从工资的分布图看（见图 3-1），68.73% 的乡—城流动人口集中在较低的工资水平阶段即月工资收入 3 000 元以下。在月工资 3 000 元以上的收入水平，乡—城流动人口占比均明显低于另外两类群体的占比。

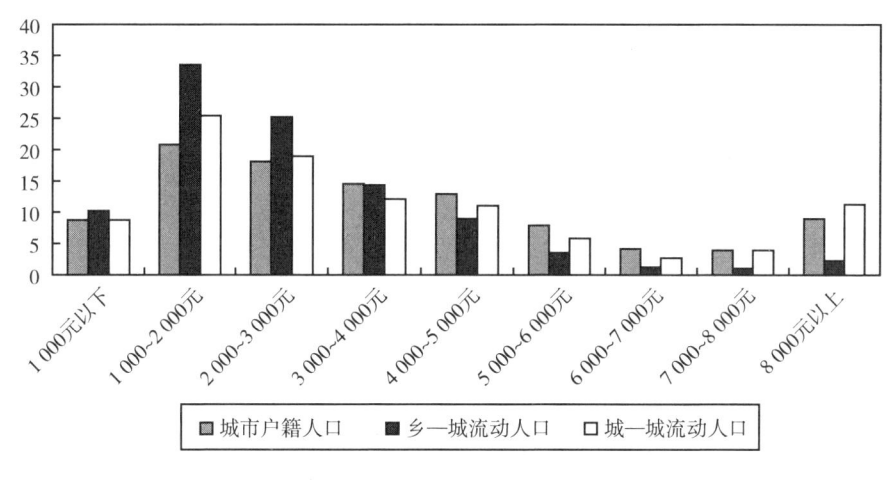

图 3-1 月工资分布对比

2. 小时工资率

从单位劳动时间的工资水平看，乡—城流动人口单位劳动时间工资为 7.63 元，城市户籍人口和城—城流动人口单位劳动时间工资为 17.01 元、14.86 元，分别是乡—城流动人口的 2.23 倍、1.95 倍。全国最低工资标准平均为 10.40 元[①]，乡—城流动人口收入水平还达不到最低工资标准。从单位劳动时间工资分布看，乡—城流动人口主要集中在 10 元以下的区间内，城市户籍和城—城流动人口集中在 10 元以上的收入区间，三类群体间收入差异明显

---

① 2012 年最低工资标准：32 省市 2012 年最低工资标准，http://news.shangdu.com/beijing/20120427/524_5614200.shtml。

(见图3-2)。

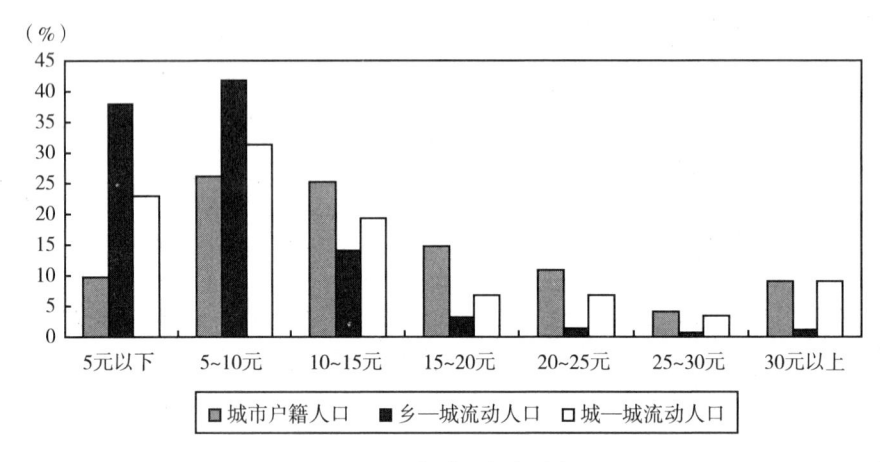

图3-2 小时工资率对比

收入水平直接关系到一个人或其家庭的经济地位和生活质量，直接反映乡—城流动人口的生存能力。从三类群体的收入水平的对比结果看，乡—城流动人口处于城市社会阶层的底端，尤以单位劳动时间获得收入更为显著低于城市户籍人口和城—城流动人口。

三、居住状况

1. 住房类型

从住房的建筑类型看，73.43%的乡—城流动人口居住在楼房，仅有3.13%的人口居住在地下室、工棚等临时性建筑。与城—城、城市户籍人口住房类型相比基本相差无几。然而，从住房位置看，乡—城流动人口的28.37%集居在农村，41.12%住在城郊接合部；相对应的城—城、城市户籍人口主要聚集在市区。从居住的社区类型看，乡—城流动人口主要居住在农村社区、城中村、普通商品房社区，比例依次是41.86%、21.51%、21.43%；城—城与城市户籍人口主要居住在普通商品房社区和未经改造的老城区。值得一提的是，居住在经济适用房社区的比例较大的群体是城市户籍人口和城—城流动人口，乡—城流动人口比例较低，仅为3.33%（见表3-2）。

第三章 乡—城流动人口市民化现状分析

表 3-2　　　　　　　　　城市三类居民的住房类型　　　　　　　　单位：%

类型		城—城流动人口 频率	乡—城流动人口 频率	城市户籍人口 频率
建筑类型	楼房	86.21	73.43	87.36
	平房	10.65	23.36	12.06
	临时建筑	0.44	1.52	0.24
	地下室	2.71	1.61	0.29
住房位置	市区	43.72	30.51	62.58
	城郊接合部	43.98	41.12	23.85
	农村	12.3	28.37	13.57
合计		100	100	100

资料来源：2010 年国家流动人口动态监测数据。

2. 住房性质

81.6% 的乡—城流动人口的住房以租赁的方式为主。其中，独自租住私人住房的比例较大，占比 62.09%。其次居住在雇主提供的免费的工棚或集体宿舍；城—城流动人口的住房主要是独租私房和购买的商品房，比例依次为 41.54%、22.34%；城市户籍人口的住房性质主要是购买的商品房、政策保障房，比例依次为 38.75%、22.42%。另外，我们从廉租房的居住比例看，城—城、乡—城、城市户籍人口的居住比例依次为 0.09%、0.46%、3.64%。乡—城、城—城流动人口在享有廉租房的比例低于城市户籍人口，说明在廉租房的政策均享方面，大部分的乡—城、城—城流动人口被拒之门外（见表 3-3）。

表 3-3　　　　　　　　　城市三类居民住房性质　　　　　　　　单位：%

住房性质	城—城流动人口 频率	乡—城流动人口 频率	城市户籍人口 频率
租房	62.01	81.14	10.59
廉租房	0.09	0.46	3.64
免费	8.82	12.32	2.73
购商品房	22.34	4.41	38.75
购政策保障房	0.44	0.14	20.42
其他	2.79	1.52	23.85
合计	100	100	100

资料来源：2010 年国家流动人口动态监测数据。

3. 住房设施

乡—城流动人口人均住房面积为 15.52 平方米。其中，5~10 平方米、10~

20平方米、小于5平方米的比例依次为33.91%、30.46%、15.87%。城—城流动人口人均住房面积为23.7平方米，并且多半居住面积在10~20平方米、20~30平方米区间内。城市户籍人口的人均住房面积为31.64平方米，多半人口人均居住面积在20平方米以上。从住房设施看，乡—城流动人口住房中设有独立管道自来水、卫生间、厨房以及洗澡设施的比例为30.11%，城市户籍人口和城—城人口的这一比例已经达到78.78%、56.2%（见图3-3）。

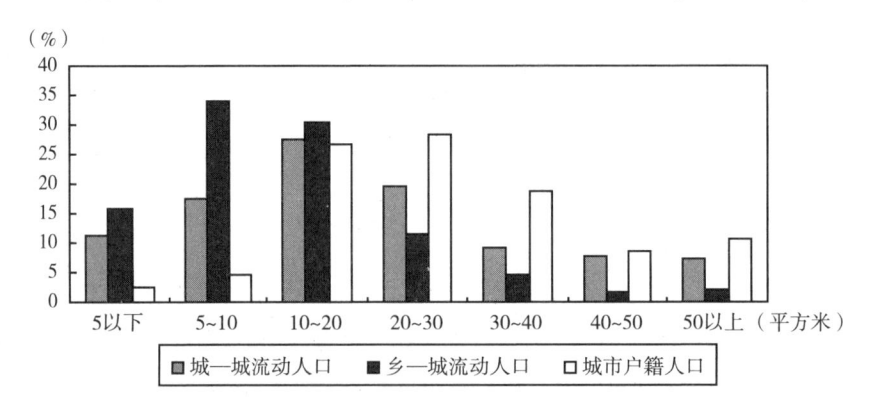

图3-3 人均居住面积对比

从住房的类型、住房性质、住房设施看，受自身经济能力的限制，绝大多数的乡—城流动人口通常只能租住城乡接合部的农民私房，或城郊接合部价格相对低廉但设施条件差的房屋。受二元社会管理制度制约，廉价房和廉租房以及经济适用房都无法保障无法覆盖到乡—城流动人口。城中村、群租现象反映乡—城流动人口的住房需求强烈，但是市场不会自动产生与这种需求相匹配的供给。受户籍制度制约，乡—城流动人口仍游离于城镇住房保障体系之外，不能享受同城市居民同等的保障权利。虽然一些城市提出将其纳入城镇住房保障体系，但由于限制条件过多，纳入城市住房保障体系的提法尚未落实到实处。因此，流动在城镇的农村人口随着居住方式大范围的集中进而产生"城中村"等现象。

第二节 劳动力市场分布现状

由于制度、社会性因素导致的不同行业、不同部门、不同职业之间，在工资、工作条件、福利待遇等方面不平等，从而形成不同特征的劳动力市场：如头等和次等劳动力市场（Piore，1970）、正规和非正规劳动力市场、体制内和

第三章 乡—城流动人口市民化现状分析

体制外劳动力市场（赖德胜，1996）、传统部门和新生部门（蔡昉，1998）、政府控制部门和市场主导部门（李实，1997）等划分类型。正规、体制内、头等的、传统的以及政府控制的劳动力市场基本等同于国有部门和事业单位（韩秀华，2008）；非正规、体制外、次等、新生部门及市场主导部门指的是非国有部门，即工作环境差，劳动强度大，工作耗时超过8小时以上，很少有节假日，福利待遇低，合约不稳定，基本没有社会保障。受户籍制度、自身素质及劳动技能等因素制约，乡—城流动人口被排斥在正规劳动力市场外。

一、行业分布

86.59%的乡—城流动人口在制造业、建筑业、批发零售、住宿餐饮、社会服务等行业领域从事脏、险、累、差的工作。从劳动力的产业分布看，乡—城劳动力在第一二三产业的分布比例与城市户籍人口和城—城流动人口分布状况基本相同，第三产业最高，依次是第二产业、第一产业。具体到产业内部，分布比例差异明显。制造业中，乡—城流动人口主要从事纺织、服装、鞋帽等劳动密集型制造业；城—城、城市户籍人口主要从事生物、医药、工程机械、通信设备、汽车等技术密集型制造行业。服务行业中，从事批发零售、社会服务及住宿餐饮等初级服务行业的乡—城、城—城、城市户籍人口比例逐渐走低，分别为56.6%、51.31%、33.74%；从事金融、保险、交通、教育、文化和社会福利等服务业的乡—城、城—城、城市户籍人口比例逐渐上升，分别为6.46%、24.9%、38.78%。

二、部门分布

乡—城流动人口从业单位的性质明显不同于城市户籍和城—城流动人口。84.05%的乡—城流动人口主要就业于私营单位，城市户籍和城—城流动人口在国有或机关事业单位比重较大。样本数据显示，乡—城流动人口在国有企业及机关事业部门、私营部门、外资部门就业的比例为1:10.86:0.87；城市户籍、城—城流动人口在三大部门的就业比例分别为1:0.72:0.12、1:4.79:0.60。相比较而言，具有城市户籍或具有较高资本存量的劳动力都吸收在国有企业或机关事业单位的头等劳动力市场，并给予高工资高福利的工作。乡—城流动人口主要在次等劳动力市场，即小型私营企业、个体工商者等，收入、稳定性、福利待遇上都低于头等劳动力市场。因此，在被问及个人发展目标和主要问题时，64.13%的乡—城流动人口将获得较高的收入、稳定的工作作为目标，认为工资待遇太低是当前工作的主要问题（见图3-4）。

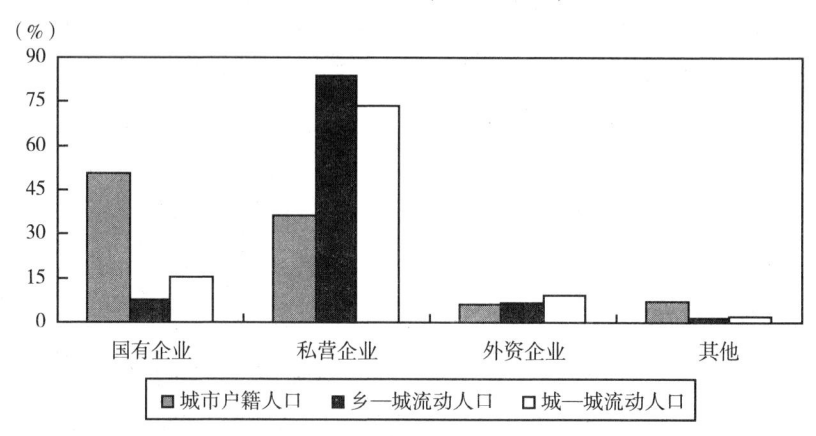

图3-4　城市常住群体在不同性质单位的就业比重

三、职业分布

84.67%的乡—城流动人口从事生产、运输、服务以及一般的商业人员，专业技术人员和有关的办事人员比例近12.76%。从具体的工作性质看，半体力和体力型工作占比75.6%，技术性很强的工作仅占比6.51%。从就业身份来看，主要有两大类型：一是雇员身份，占比62%；二是自营劳动者，即大多从事地摊叫卖，占比31.32%（见表3-4）。

表3-4　　　　　　　　城市三类居民的职业分布　　　　　　　　单位：%

职业类型	乡—城流动人口 频率	城市户籍 频率	城—城流动人口 频率
国家与社会、企业管理者	0.05	3.8	0.3
专业技术人员	10.4	22.3	23.9
办事人员	2.36	22.15	10.44
商业工作人员	16.79	8.6	19.68
服务性工作人员	43.76	27.56	37.15
农业生产人员	0.92	0.88	0.5
生产、运输工人	23.2	11.55	6.83
警察及军人	0	0.61	0
其他	2.52	2.53	1.2
合计	100	100	100

资料来源：2010年国家流动人口动态监测数据。

第三章 乡—城流动人口市民化现状分析

与城市户籍和城—城流动人口相比，大规模的乡—城流动人口被局限在制造业、建筑、宾馆或酒家等初级服务业领域，从事的工作普遍具有"重、脏、苦、累、险"的特征，工作时间偏长，合同保障欠缺，工资水平较低。绝大多数乡—城流动人口基本上处于无休息日、长时间工作的就业状况。数据显示，每周工作平均 7 天占比 53.6%，每天工作超过 9 小时占比 63.03%，超过 12 小时占比为 22.42%，严重超过法定标准。尽管如此，其平均工资收入、小时工资率大大低于本地居民。此外，合同保障欠缺，没有签订任何劳动合同以及不知合同为何物的占 42.59%，远高于城市户籍人口和城—城流动人口（见表 3-5）。

表 3-5　　　　　　　　城市三类居民工作时间　　　　　　　　单位：%

类型		乡—城流动人口	城—城流动人口	城市户籍人口
每周平均工作时间（天）	≤5	12.53	38.24	45.57
	6	33.87	29.53	27.45
	7	53.60	32.23	26.98
每天平均工作时间（小时）	≤8	36.98	54.35	73.51
	9~11	40.61	32.43	21.10
	12~14	19.80	11.61	5.14
	15+	2.62	1.60	0.25

资料来源：2010 年国家流动人口动态监测数据。

第三节　基本社会公共服务现状

基本公共服务是社会民众生存和发展的基本条件，通常是根据一国经济社会发展阶段和总体水平，为保护个人最基本的生存权和发展权，为实现人的全面发展需要政府及社会为每个人都提供的基本就业保障、基本养老保障、基本生活保障、基本的教育和文化服务、基本的健康保障[①]。平等分享改革发展成

---

① 人民网. 百姓、民生——共享基本公共服务 100 题，http://theory.people.com.cn/GB/68294/117763/index.html。

果，平等享受基本公共服务是每一个公民应有的基本权利，也是赋予人们有尊严的生活及人类社会正义与和平的基础。

长期以来，乡—城流动人口为中国经济发展发挥了重要的作用，却一直享受不公平的待遇，基本公共服务水平的严重短缺，已经成为乡—城流动人口市民化的主要障碍。只有让大家平等享有公民权、共同分享社会发展和进步的成果，实现基本公共服务均等化，才能加快从"农民"向"市民"的转变，提高城镇化质量。当前，政府相关部门已开始着力解决乡—城流动人口在就业服务、社会保障、子女教育、住房租购等方面的实际问题，随着政府推出一系列政策举措，乡—城流动人口基本社会公共服务市民化已取得明显成效。然而，与城镇户籍人口相比，仍然存在相当大的差距。

一、社会保障

乡—城流动人口与城市市民最大的身份差异集中在社会保障方面（李培林、李炜，2007）。农村与城镇实行不同的社会保障制度，乡—城流动人口虽然长期居住在城镇，但因是农业户籍身份，无法进入城镇基本社会保障体系，另外由于长期流动在外，也无法享受到户籍所在地的农村基本社会保障（张志为，2009）。因此，在调查最需要政府提供的服务项目中，社会保障位居第二，仅次于就业机会。样本数据显示，乡—城流动人口没有任何社会保障占比为62.83%，城市户籍人口仅占0.03%；享有"五险一金"的乡—城流动人口比例仅占1.55%，城市户籍人口的比例为21.54%。从参保的平均人数看，每100个乡—城、城—城、城市户籍人口中，分别有15人、30人、54人享有社会保险。这三种不同社会身份群体享有社会保险的比例依乡—城、城—城、城市户籍人口呈阶梯式下降。与城市户籍人口相比，乡—城流动人口享有的社会保障处于边缘化状态（见表3-6，表3-7）。

表3-6　　　　　　　城市三类居民的社会保障　　　　　　　单位：%

类别	养老保险	医疗保险	工伤保险	失业保险	生育保险	公积金
城—城流动人口	43.19	49.13	34.64	29.76	12.74	15.01
乡—城流动人口	21	27.86	22.57	11.06	5.17	2.87
城市户籍人口	80.74	90.70	42.63	45.10	32.22	34.79

资料来源：2010年国家流动人口动态监测数据。

第三章 乡—城流动人口市民化现状分析

表 3-7　　　　　城市三类居民需要政府提供的服务或帮助　　　　单位：%

类型	就业机会	社会保障	子女教育	解决户口	税务减免	廉租房	购买廉价房机会	法律援助
乡—城流动人口	44.32	40.85	30.86	13.96	16.66	38.63	32.14	6.76
城—城流动人口	32.64	38.31	32.64	32.81	15.79	26.44	42.84	7.33
城市户籍人口	34.18	39.07	25.02	4.36	11.90	23.21	35.72	15.64

注：根据调查问卷中"您目前最需要本地政府为您提供哪些服务或帮助？（最多选三项）"整理所得。

资料来源：2010年国家流动人口动态监测数据。

1. 基本养老保险

目前，乡—城流动人口养老保障呈现严重缺失状态，游离于现有养老保障体系之外。根据劳动和社会保障部调研，2006年，乡—城流动人口参保率只有15%左右[①]。此次调研结果，这一比例上升为21%，上升了6个百分点。但是，与城镇户籍人口相比，乡—城流动人口仍处于保障低水平状态。养老保障参保率低，并不能说明不需要养老保险。导致这种现状的原因在于不同户籍身份的背后隐藏着不对等的社会保障权益，即乡—城流动人口的农村户籍社会身份无法使之与城市市民享有同等待遇。

2. 基本医疗保险

乡—城流动人口就业多集中于制造业、建筑业、采掘业、住宿餐饮业等非正规劳动力市场，工作环境恶劣、劳动强度大、卫生条件差，并且没有安全保障。根据2010年卫生部组织进行的"新生代农民工职业健康调查"表明，近1亿的新生代农民工中，约60%就业于职业健康风险高的行业（林洁、邹建明，2011），乡—城流动人口已成为受职业病危害最严重的人群。因此，公共卫生与基本医疗服务是乡—城流动人口最现实的需求。然而，样本数据反映，医疗保险的参保率为27.86%，远低于城市户籍人口。国家统计局表明，2/3以上的乡—城流动人口不去正规医院看病，主要原因是正规医院医疗费用太高，在缺乏基本医疗保险的情况下，远远超出了可承受的范围。浙江省劳动和社会保障科学研究院进行了专项体质测评结果表明：有25.4%左右的乡—城流动人口体质不合格，建筑行业的乡—城流动人口体质不合格者高达36.8%。该报告认为，造成这种结果的一个重要原因在于基本公共服务的严重缺失，对

---

① 人民网. 百姓、民生——共享基本公共服务100题：http://theory.people.com.cn/GB/68294/117763/index.html.

有保障的基本医疗和职业病防护成为他们最为迫切的需求。

3. 工伤保险和失业保险

根据《失业保险条例》规定，城镇企业事业单位招用的合同制工人应该参加失业保险，用人单位按规定为其缴纳社会保险费，合同制工人本人不缴纳失业保险费。同样，工伤保险也是由合同制企业负责缴纳。但是，现实中，工伤保险和失业保险的参保水平远低于当地居民。数据显示，乡—城流动人口失业保险、工伤保险的参保率仅为11.06%、22.57%。大规模的乡—城流动人口进入了高危行业。据统计，井下民营煤矿几乎全是乡—城流动人口；金属、非金属矿山，700多万职工中乡—城流动人口占到一半以上；建筑行业3 000万职工中80%是乡—城流动人口，制造烟花爆竹的100万人几乎都是乡—城流动人口，危险化学品有33%是乡—城流动人口，然而，面对高负荷、高危险的职业，工伤保险的覆盖率不足1/4。

4. 生育保险

女性乡—城流动人口中，办理了生育保险的比例仅为5.17%，与城—城、城市户籍人口相比差距悬殊。另外，根据全国维护妇女儿童权益协调组发布的《2006年全国农村妇女权益状况和维权需求调查报告》，14.4%享受到产假工资，21.1%的享受部分产假工资，而没有任何产假工资的比例为64.5%。调查还显示，只有36.4%的单位能给予90天以上的产假，而只有12.8%的单位能报销生育时的医疗费用。

二、就业与培训

较低的文化素质与劳动技能缺失使他们在城市很难找到较好的工作，局限在次级劳动力市场，直接影响市民化进程。近几年，政府虽加大了对乡—城流动人口就业服务和职业培训的制度供给、资金投入，但总体上，供给数量和供给水平还处在较低层次，难以满足乡—城流动人口的迫切需求。因而，提供就业机会成为最需要政府提供的服务。数据显示，通过政府相关部门找到工作的乡—城流动人口仅占1.03%；79.98%的乡—城流动人口没有经过任何形式和任何部门的工作技能培训（见表3-8），这将使他们被自动地排斥在城市中需要较高技能和技术的岗位之外。在接受过工作技能培训的群体里，由政府提供的占比19.09%，单位提供培训比例为64.55%，其余为一些社会上的培训机构。事实上，由单位进行培训的前提条件是二者存在长期的契约关系且受训者有能力承担培训费用。乡—城流动人口没有任何合同保障或不知合同为何物的

第三章 乡—城流动人口市民化现状分析

占比56.04%，签约率低是造成无法接受培训的主要原因之一。另外，由于乡—城流动人口长期收入水平低，无法承担培训费用，又因为工资和劳动条件差，不断地更换工作无法履行长期合约。总之，低工资、低保障既是培训教育机会缺失的原因也是结果（见表3-8）。

表3-8　　　　　　　　城市三类居民接受培训状况　　　　　　　单位：%

是否经过培训	城市户籍人口 频率	乡—城流动人口 频率	城—城流动人口 频率
是	37.6	20.02	33.33
否	62.4	79.98	66.67
合计	100	100	100

资料来源：2010年国家流动人口动态监测数据。

三、住房保障

调查样本中，希望政府提供低租金住房比例最高的是乡—城流动人口，占比53.47%，最低的比例是城市户籍人口，仅为7.89%。受二元户籍管理制度限制，政府提供的政策保障房、经济适用房、廉租房等仅限于当地户籍人口，很少波及乡—城流动人口。乡—城流动人口享有廉租房、政策保障房的比例分别为0.46%、0.14%，远低于当地户籍人口的3.64%、20.42%。因而，提供廉租房和购买廉价房的机会成为最需要政府提供帮助的服务项目之一。乡—城流动人口住房保障的缺失直接影响在城市生活的归属感，加剧边缘化状态（见表3-9）。

表3-9　　　　　　　　城市三类居民对住房的期望　　　　　　　单位：%

类型	城—城流动人口 频率	乡—城流动人口 频率	城市户籍人口 频率
低租金住房	31.41	53.47	7.89
低价位购房	41.1	28.51	54.85
不需要帮助	27.49	18.01	37.26
合计	100	100	100

资料来源：2010年国家流动人口动态监测数据。

四、子女教育

乡—城流动人口子女在流入地接受义务教育的总体情况有所好转，但仍不容乐观。样本数据显示，进入城市就读的 4~6 岁流动儿童中，27.23% 在公办学校就读，其中，单独设班的比例为 3.96%。小学至初中阶段，流动儿童在公办学校的比例上升为 78.77%。其中，单独设班的比例为 16.28%。现行体制抬高了乡—城流动人口子女义务教育的门槛。由于现行户籍制度与人口流动需求不相适应，导致乡—城流动人口子女就地接受义务教育需要支付较高的借读费和赞助费，一般情况只能选择价格稍低的教学条件差的私立学校或打工子弟学校。调查数据显示，4~6 岁与 7~17 岁流动儿童中，在打工子弟或私立学校就读的比例分别为 72.78%、21.23%。在学费方面，乡—城流动人口子女在流入地读书每学年教育平均支出 2 450 元，占这些家庭总收入的 19.78%。由于没有城市户口往往需要缴纳一定的借读费和赞助费等，调查表明，乡—城流动人口的就读子女缴纳借读费和赞助费最少 200 元，最高达到 100 000 元（见表 3-10）。

表 3-10　　　　城市三类居民的 4~6 岁子女所在学校类型　　　　单位：%

类型	乡—城流动人口 频率	城—城流动人口 频率	城市户籍人口 频率
打工子弟学校	10.4	9.76	1.74
公立学校混合型	23.27	29.27	42.61
公立学校单独班	3.96	0	17.39
私立学校	62.38	60.98	38.26
合计	100	100	100

资料来源：2010 年国家流动人口动态监测数据。

城市为乡—城流动人口子女提供教育保障不足形成了事实上的社会排斥，进一步剥夺了乡—城流动人口子女应该享有的受教育权和发展权，这种教育机会的不平等将导致贫困的"代际循环"，有可能引发一系列严重的经济社会问题。

由于二元户籍管理制度、自身素质等方面的原因，造成乡—城流动人口被排斥在城市社会保障、就业、培训、住房、子女教育等公共资源和社会服务体系（曾宝富，2010），成为"二等公民"。保障弱势群体均等化享有基本社会公共服务是政府的基本职责。然而，现实中，乡—城流动人口在住房保障、求职、择业、职业培训等环节来自于政府的支持并不明显，相反还有诸多限制。乡—城流动人口在遇到困难时，对政府的求助率较低，只有3.02%，可见政府支持的作用在乡—城流动人口心中的位置并不高，说明政府在基本社会公共服务的均等化作为严重缺位。

第四节 社会融合现状

户籍制度决定了乡—城流动人口与城市户籍人口存在社会身份上的本质差别，虽为城市社会发展做出巨大贡献，但其生存发展、就业、基本社会公共服务等与城市户籍人口相距甚远，由此导致在社会关系、心理、社会参与上长期被隔绝，无法融入城市社会。以社会参与、社会关系表征的行为融合和以个体间心理认同为表征的情感融合是乡—城流动人口融入城市社会的两个基本维度。

一、行为融合

行为指的是个体间的互动，互动行为实际上反映的是社会距离，当社会距离较小时，互动的频率和强度就较高，社会融合的水平也较高（李树茁等，2008）。针对这一特殊群体，行为融合体现参与社会活动，获得社会关系的互动过程。互动的广度和深度直接影响行为融合，因此，社会活动的参与率、困难求助对象以及日常交往的对象反映了行为融合的实际。

1. 社会参与

社会参与又称参与权，指社会成员有权参与社会各个方面活动，如经济、政治、文化、社会工作等活动的权利。样本数据显示，作为城市常住居民，乡—城流动人口参与社区文体、社会公益、计划生育协会、社区选举、听证会以及有助于培养子女教育活动比例平均为15.96%，远低于城市户籍居民。尤以社区选举与听证会的参与度更低，不到2%。表明在主流的城市社会中，乡—城流动人口仍然作为外来人口的社会身份对待，无法以主人翁的姿态表达政治诉求和社会管理。社会参与的权利实际上"悬空"状态进一步弱化了他们在就业市场上的竞争地位和维护合法权益的能力，直接体现了非市民化待遇（见表3-11）。

表3-11　　　　　　　　　城市三类居民社会参与　　　　　　　　单位:%

类型	社区文体活动	社会公益活动	计划生育协会活动	社区选举	听证会	有助于培养教育子女活动
乡—城流动人口	19.32	31.86	23.42	1.84	1.41	17.93
城市户籍人口	49.22	65.37	42.71	58.62	13.73	46.99
城—城流动人口	17.19	44.76	18.67	4.36	2.53	18.06

资料来源：2010年国家流动人口动态监测数据。

2. 社会关系

相关研究发现，乡—城流动人口在城市建立新的社会关系越多，与城市的社会距离就越小，市民化程度就越高。表征行为融合的社会关系主要是指乡—城流动人口与城市市民的融合。只有构建和发展新的社会关系网络才能逐步融入城市社会，提高市民化水平。数据显示，乡—城流动人口在遇到困难时求助对象的社会结构与城市户籍人口和城—城流动人口大致相同，主要集中在同乡或者朋友、雇主。在日常交往的对象中，更多选择比较现实的亲缘、地缘关系作为交往对象，亲戚或同乡的比例为43.88%，表明虽然乡—城流动人口工作生活在城镇社区，但大部分人并没有真正融入城镇社会，其生活圈子仍然局限在打工的亲戚和老乡范围内（见表3-12）。

表3-12　　　　　　　　　城市三类居民社会关系　　　　　　　　　单位:%

类型		乡—城流动人口 频率	城市户籍人口 频率	城—城流动人口 频率
寻求帮助	同乡	28.40	4.49	13.17
	朋友或雇主	62.59	66.11	74.78
	行政部门、民间、组织新闻	9.01	29.40	12.05
交往对象	亲戚或同乡	43.88	23.43	25.40
	同事、朋友、雇主等	56.02	75.88	74.27
	其他	0.09	0.69	0.35

资料来源：2010年国家流动人口动态监测数据。

二、心理认同

虽然乡—城流动人口没有城市户籍和市民的社会身份，但是他们和当地人一样喜欢居住的城市并关注城市的变化，表现出较强的融合愿望。数据显示，

第三章 乡—城流动人口市民化现状分析

80.09%的乡—城流动人口愿意融入本地人当中，成为他们中的一员。从乡—城流动人口与本地人彼此的态度看，乡—城流动人口同意（含完全同意）"本地人愿意接受我成为其中一员"的比例为80.12%；同意（含完全同意）"本地人看不起外地人"说法的占24.8%；同意（含完全同意）"即使很有钱也不可能成为本地人"说法的占28.53%。乡—城流动人口矛盾的融合心理其实反衬了居住城市以及本地人的包容与融合状况。本地人虽然有较高的比例承认本地发展和外地人口的贡献有关，但是，仍然有较大比例排斥外来群体。52.19%的本地人不同意"希望更多的外地人成为本地人"；34.13%的同意"不喜欢外地人"；34.48%的本地人同意（含完全同意）"即使有钱也不喜欢外地人"。本地人排斥或心理不认同外地人的原因是多方面的，挤占就业岗位、缺乏交流产生的没有信任感、价值观念不同（王桂新、罗恩立，2007）等都可能成为阻碍乡—城流动人口与本地人心理融合的原因。从彼此心理认同与接纳的角度看，乡—城流动人口从观念和社会地位上实现与城市社会的融合还有很长的路要走（见表3－13）。

表3－13　　乡—城流动人口与城市户籍人口的心理认同　　单位：%

	态度	完全不同意	不同意	同意	完全同意
乡—城流动人口	我喜欢我现在居住的城市	0.65	4.01	83.54	11.80
	我关注我现在居住城市的变化	0.74	7.04	81.26	10.96
	愿意融入本地人当中	0.83	9.08	79.15	10.94
	本地人愿意接受我成为其中一员	1.45	18.43	72.78	7.34
	本地人看不起外地人	8.42	66.78	22.92	1.88
	即使有钱也不可能成为本地人	9.23	62.24	26.34	2.19
城市户籍人口	我喜欢我现在居住的城市	1.04	3.90	73.47	21.59
	我关注我现在居住城市的变化	0.67	2.36	74.34	22.63
	本地发展和外地人贡献有关	2.21	16.44	69.48	11.87
	希望更多的外地人成为本地人	9.43	42.76	41.67	6.14
	不喜欢外地人	6.43	59.44	28.29	5.84
	即使有钱也不喜欢外地人	7.78	57.74	27.84	6.64

资料来源：2010年国家流动人口动态监测数据。

社会融合与市民化是相辅相成的。然而，乡—城流动人口在社会参与及社会关系上，仍然处于边缘和单一的状态；市民对乡—城流动人口的心理认同尚处于矛盾中，无法实现真正意义上的行为融合和情感融合为统一的社会融合。

究其原因，户籍制度及其衍生出的福利、就业等一系列制度是制约社会融合的主导因素；城乡长期二元生活状态所形成的市民与乡—城流动人口的不同文化心理也阻碍了农民的市民化；政府公权力的介入迟滞使社会融合缺乏政策支持（王桂新，2007）；乡—城流动人口自身素养的局限是其进一步融入城市社会的"瓶颈"。

第五节　本章小结

依据 2010 年流动人口动态监测调查数据，对照城市户籍人口、城—城流动人口，分析了乡—城流动人口的生存发展、就业、基本社会公共服务、社会融合等状况。结论如下：

第一，人的生存发展状况直接受到收入水平的影响，根据人力资本理论，收入水平由受教育水平、劳动技能等决定。对比发现，乡—城流动人口平均受教育年限为 9.68 年，比城—城和城市户籍人口低 3~4 年；85.5% 的乡—城流动人口没有专业技术职称，因而获得工资收入水平偏低，仅为城市户籍人口和城城流动人口工资收入的 65%~67%，小时工资率是城市户籍和城—城流动人口的小时工资率的 1/2—1/3。因收入水平较低导致接近一半的乡—城流动人口居住在城乡接合部，住房条件较差。

第二，不同行业、不同部门、不同职业间在工作条件、社会福利待遇方面均不平等，从而形成正规劳动力市场和非正规劳动力市场。对比城—城流动人口和城市户籍人口，超过 80% 的乡—城流动人口分布在非正规劳动力市场，从行业类型看，从事建筑业、批发零售业、住宿餐饮业、社会服务业等低端行业；从单位性质看，主要集中于私营单位；从职业类别看，主要从事生产、运输、制造、服务以及一般商业人员等低收入职业；从工作性质看，主要是体力型劳动，较少涉及纯技术型工作。

第三，向社会中每个公民提供的基本就业保障、基本养老保障、基本生活保障、基本的教育和文化服务、基本的健康保障是政府的基本职责。对比城市三群体的基本公共服务状况发现，乡—城流动人口中，享有"五险一金"的社会保障的人口比例为 1.55%，是城市户籍人口享有比例的 1/20；"六项保障"中，享有医疗保险的比率最高，为 27.86%，但与城市户籍人口和城—城人口的 80%~90% 相比，相距甚远；享有公积金的比例最低，仅为 2.87%；对于政府提供的政策保障房、经济适用房、廉租房、公共租赁房等很少覆盖到

第三章 乡—城流动人口市民化现状分析

乡—城流动人口，即使覆盖到，也是集体住房，人均住房面积5平方米以下；从乡—城流动人口子女受教育情况看，4~6岁在学儿童，只有近30%在公办学校就读；义务教育教育阶段，虽然有70%的流动儿童在公办学校就读，但近20%是单独设班。

第四，以社会参与、社会关系表征的行为融合和以个体间心理认同为表征的情感融合是乡—城流动人口融入城市社会的两个基本维度。对比城市三群体发现，乡—城流动人口参与社区文体、社会公益、计划生育协会、社区选举、听证会以及有助于培养子女教育活动比例平均为15.96%，远低于城市户籍居民，由于日常交往主要以亲缘和乡缘为主，因此社会关系比较单一；从彼此认同和心理接纳的角度看，乡—城流动人口虽具有较强的融合意愿，但是超过50%的城市市民对乡—城流动人口的接纳和认同较弱，无法实现真正意义上的以行为融合和情感融合为统一的社会融合。

乡—城流动人口虽和城市户籍人口、城城流动人口都同样作为城市常住人口，但是，在生存与发展、劳动力市场分布、基本社会公共服务以及社会融合方面均表现出差异。由于乡—城流动人口的社会角色归属不清，因而长期被排斥在城市社会管理体制之外，在住房保障、社会保障、就业保障、教育保障等基本社会公共服务方面无法享有与城市市民一样的待遇。从这个角度来说，乡—城流动人口统计上作为推高城镇化水平的主体，由于各种因素致使其无法成为真正意义上的城市市民，反映我国城镇化发展是低质量的。

第四章

乡—城流动人口市民化指数测算

乡—城流动人口最大的特点在于"流动性",表现在就业与失业状态之间的流动;乡—城往返间的流动;工作频繁更换产生的由一种职业到另一职业流动以及从一个城市到另一个城市的流动。大规模人口的流动意味着城镇化发展的不稳定性。一方面,宏观上不利于社会秩序的稳定,容易产生动荡和混乱;另一方面,微观上不利于乡—城流动人口的生产生活,流动成本高,生活质量下降。让乡—城流动人口像市民一样长期稳定在城市中,有利于城镇化的健康发展。因此,像市民一样有稳定的工作、相对稳定的住房、相对完整稳定的家庭、相对稳定的社会保障体系、相对稳定的经济来源才是提高城镇化质量的关键。

本章采用的数据来源于2011年国家流动人口动态监测数据库。调查对象是15~59周岁的乡—城流动人口;调查内容涉及人口的基本情况、就业、收入、住房、社会保障、社会参与、心理等;调查样本为128 000个。从性别看,男性占53.10%,女性占44.9%;从代际看,第一代(1980年前出生)占比54.59%,第二代(1980后出生)占比45.41%;从受教育年限看,被调查者具有初中文化程度最多,占比59.23%,依次是高中、小学,占比分别为18.47%、16.46%。从流动范围看,首先是跨省流动比例最高,占比51.29%;其次是省内跨市和市内跨县流动,占比分别为30.88%、17.83%。从职业分布看,比重较大的职业是商业与服务人员、生产与运输人员,比重分别为57.47%、29.70%。

第一节 指标体系构建

一、理论基础——社会融合理论

社会融合(social inclusion)最初是作为一个社会政策对应于欧洲学者提

第四章 乡—城流动人口市民化指数测算

出的社会排斥（social exclusion）的研究。随着社会排斥研究的深入以及反排斥实践的实施，学者们逐渐意识到，反社会排斥就是要建立一个人人共享的强大社区，并且能够确保这里的每一个人都能平等地享有在组织良好的现代社会中居住和生活，而这恰恰就是社会融合①。社会融合不仅是一个社会目标，而且是一个任何人都能参与的持续发生的过程。美国学术界对社会融合理论研究历史比较悠久，且已形成了较为完整的理论体系。该理论是在全球化和工业化迅速发展的社会背景下，西方社会兴起了移民热潮，不同民族、不同文化、不同语言、不同信仰的移民迁移到同一地方，竞争、误解、冲突、矛盾等在所难免。如何使社会成员达到相互包容、相互适应，成为学术界乃至政府极为关注的现实问题，在研究过程中形成了比较有影响的"融合论""多元文化论"，均可用来解释外来人口及其子女在流入地的生存发展、行为适应、文化融合、政治参与等过程。

（一）融合论

融合论的理论基础是"熔炉论"，即外来人口被"熔化"的过程就是融合的过程。20世纪初，美国学者帕克（1928）和伯吉斯（1921）认为社会融合就是"个体或群体相互渗透、相互融合的过程，通过共享历史和经验，相互获得对方的记忆、情感、态度，最终融合于一个共同文化生活之中。"外来人口实现融合的基础是通过与主流社会进行语言交往和沟通来实现外来人口的转变以及主流社会接纳的目的。换句话说，融合论强调外来人口以放弃自己的传统文化来适应主流社会达到融合，两个群体会经历四个阶段，即接触、冲突、适应、融合。在20世纪中期，戈登（1964）在帕克的社会融合理论基础上进行了完善，他指出：社会融合是一个长期过程，可以区分为七个阶段，从第一个语言和文化的融合到第七阶段的市民同化，即基于价值和政治取向的冲突减少。戈登认为实现社会融合是外来人口和流入地居民共同努力的结果。一方面，只要外来人口主动地学习、适应、接受流入地生活方式和文化价值观念，抛弃原有的社会文化传统和习惯，就可能实现社会融合；另一方面，流入地居民的包容和接纳直接影响社会融合的真正实现。因此，从融合论的角度来说，流动人口的社会融合是个体之间、群体之间、文化之间、民族之间由相互接触、相互竞争到互相适应、互相包容的过程。

---

① 1966年，法国实证主义社会学家涂尔干在研究自杀率时提出了社会融合。

(二) 多元文化论

多元文化主义得益于第二次世界大战后美国人权运动的兴起和移民民族意识的提高才得到重视和广为流行。总体来看,多元文化论用来形容多民族、多文化、多语言的社会,因此,该理论涉及移民、人种、种族、宗教、语言、人口等诸多因素,强调不同人群之间的"承认"和"平等",即当主流文化具有更大的包容性时,新移民会倾向于维持原有的文化、信仰、语言等从而形成多元化的社会和经济秩序。时至今日,美国的社会融合的发展过程正是融合论和多元文化论的认定与反思的过程。欧洲虽然没有形成系统的社会融合理论,但是对移民融合的社会实践中也具有自己的特色。2003年,欧盟在关于社会融合的联合报告中,将社会融合定义为一个过程,即确保具有风险和社会排斥的群体能够获得必要的机会和资源,全面参与经济、社会、文化生活。社会融合的目标就是要确保他们有更多的基本权利和参与决策的机会,欧盟的移民融合政策是建立在机会平等的基础之上。从社会经济的角度而言,移民必须拥有同等的机会,能够像本地人一样有尊严、独立、积极向上的生活;从公民的角度而言,全体居民必须在平等的基础上履行其权利和义务。

社会融合是多层面的,包括宏观层面、中观层面和微观层面的社会融合。同时,社会融合也是多方面的,包括经济融合、政治融合、社会融合、制度融合、文化融合、心理融合。总之,国外学者对社会融合的关注较早,相关的研究较多,而国内对社会融合的研究相对较晚,主要归纳为三个方面:一是"再社会化"(田凯,1995)。多数流动人口在流出前就已完成了社会化过程,到达流入地后,他们会面临再社会化的过程。因此,流动人口实现社会融合需具备三个条件,即相对稳定的职业、稳定的经济收入及社会地位。这些基本的生存和发展条件使流动人口与当地人的接触、交流、融合成为可能。二是阶段化(马西恒,2001)。即流动人口与流入地居民经历"二元社区""敦睦他者""同质认同"三个阶段。三是递进理论(朱力,2002)。社会融合是多层面的,包括经济融合、身份融合、文化融合、心理融合等,各层面存在递进关系,流动者在流入地的社会融入始于经济融合,经过社区参与,最后达到身份和心理的融合。

国内外的社会融合理论研究表明,社会融合是一个过程,同时也是一个社会发展的目标。实现社会融合体现在以下两点:一是社会成员积极参与,并获得基本的社会福利;二是所有公民在物质环境和发展上均享有平等地位,从社

第四章 乡—城流动人口市民化指数测算

会融合的理论看，流动人口社会融合过程就是市民化的过程。因此，依据社会融合理论，结合中国城镇化发展的实践，从经济、文化、政治、居住、社会保险、主观意愿、教育、社会参与等方面研究中国乡—城流动人口的市民化水平。由于社会融合涉及的面较宽，本书将其划归为五个维度，这五个维度分别是市民化意愿、市民化能力、市民化行为、居住市民化、基本社会公共服务市民化。

二、指标体系构成

（一）指标体系构建原则

指标体系的建立是进行评价研究的前提和基础，选取合适的指标对最终综合指数的质量起到关键性作用。如何建立一个科学、合理、可操作化的市民化指标体系，是正确评价市民化水平的关键。因此，在选取指标上本书力求遵循以下几个原则：

一是综合性。市民化是指乡—城流动人口的价值观念、生活方式、经济能力、居住、意愿、职业、社会保障、教育等多方面与本地户籍市民趋于一致。因此，市民化是个多维度的概念，每个维度都有独特的内涵和特点，指标体系应该比较全面地反映市民化的各个方面，建立起不同层次，不同结构的评价体系，对乡—城流动人口市民化进行客观、全面的评价。

二是代表性。市民化水平评价指标体系虽然包括多方面的内容，但是，在选取指标过程中，重点考虑经济能力、职业、居住、社会保障等具有代表性的因素指标，避免因指标多而乱，影响市民化水平的准确性。

三是可操作性。市民化指标体系一定要具有可操作性，便于组织实施。因此，选取的指标要尽可能达到以下两点：一是尽可能与国家相关的统计指标相一致；二是尽可能量化，对于定性指标，正确把握量变转化为质变的"度"，保证做到科学合理，客观公正地进行评价。

（二）指标体系基本框架[①]

市民化是指乡—城流动人口在基本公共服务（医疗、养老、教育、就业、

[①] 限于资料的可得性，本框架只是根据已掌握的资料设计的，相对于理论上的指标体系可能不全面、不完整。

生育等基本社会保障)、住房、政治、经济、文化等各方面与城市户籍居民一样享有同等的权益和保障,实现与本地人的社会融合。基于上述社会融合理论和指标体系的构建原则,市民化指标体系创建的基本思路如下:

第一,市民化意愿即愿意从农村转移到城市并长期留居城市,是实现市民化的前提。乡—城流动人口市民化意愿主要体现在对本地人生活方式的态度、是否喜欢居住的城市、是否愿意成为本地人等方面。如果仍把自己当作是"过客"或者只为打工赚钱不想长期居住,依旧喜欢乡村的生活方式,则很难实现市民化。

第二,市民化能力是流动人口立足流入地的基础,是衡量市民化的客观维度,人力资本、经济资本(这里专指工资收入)、社会资本(专指社会关系)等均为其重要的衡量指标。人力资本主要体现为职业技能和受教育水平,人力资本的高低决定着就业机会的多寡,是乡—城流动人口生存和发展的起始点和关键点;工资收入水平是市民化的根本动力,直接影响在流入地生活的质量和社会地位,同时决定是否有信心与当地人深层次交流和融合;与当地人交往建立的社会关系是乡—城流动人口在城市生存、生活适应性的直接反映,与当地人社会网络高度的同质性有助于他们顺利实现社会融合。

第三,居住环境带给流动人口最直接、最真切的感受,实现居住市民化对于促进社会融合产生了积极的影响。居住市民化体现为居住外围环境(小区类型、社区位置等)和居住内部设施环境(家电、卫生环境等)两个层面。居住是人们最基本的生存需求之一,如果无法得到最基础的安全和卫生保障,某种程度上导致与流入地居民的疏离程度。住房环境是乡—城流动人口安居乐业的基础和前提,享有与流入地居民同等的住房保障,避免居住隔离,增加进入主流社会的机会,有利于促进市民化实现。

第四,市民化行为是乡—城流动人口城市生活的拓展和深化,主要体现为政治市民化、文化市民化、家庭市民化等。享有党政团体活动的参与权、知情权、选举权等是每个公民的基本权益,乡—城流动人口作为城镇常住人口的一分子,理应享有作为公民应该享有的权利;参与社区举办的文体、公益活动等是流动人口能否适应当地人生活、文化习俗的行为表现,同时,通过社区活动参与可以增强彼此了解,有助于搭建新的社会关系网络;家庭市民化对应的是家庭离散化,即受诸多因素的影响,家庭成员不可能举家外出而出现的家庭分散化。由于长期饱受与家庭成员分离之苦,无法获得正常的家庭情感支持,缺乏归属感。因此,提出家庭市民化,即与城市市民一样,与家庭成员居住在一起,能够从家庭获得更多的情感支持,分散城市生活带来的各种风险和压力,

第四章 乡—城流动人口市民化指数测算

有利于增强在城市居住的归属感和稳定性。

第五，工伤、养老、医疗、失业、居住等基本社会保障是流动人口生活的防护网。乡—城流动人口在流入地是否获得名副其实的市民身份，主要关键在于能否获得与城市市民一样的基本社会保障。享有社会保障等基本社会公共服务有利于降低各种医疗、养老等风险，免除后顾之忧，同时对经济社会地位的提升具有重要作用，是市民化的核心体现。

市民化共包含以上五个维度，每个维度下包含若干指标与变量。基本社会公共服务包括社会保险、公共医疗、就业、住房、教育、社会救助等社会保障和社会服务；居住市民化包括住房的类型、位置、社区类型、住房设施等指标的市民化程度；能力市民化包括经济支付能力、人力资本及社会关系市民化程度；行为市民化包括文化市民化（对社会文体、各种展览、公益活动等关注程度）、政治市民化（指对举办的社区选举、听证会、业主委员会、评先进等活动的参与程度）、家庭市民化（与城市户籍人口一样享有正常的家庭归宿感以及由家庭带来的情感支持与风险共担等）；市民化意愿指对居住城市、城市生活方式的态度与是否愿意同当地人融合的意愿。由于实际调查资料获得的限制，各维度指标及基础变量的选择仅就现有调查资料获取，其中，调查资料中没有涉及反映医疗服务或者与医疗支出相关的指标，因而指标体系中未能考虑乡—城流动人口医疗服务水平。综上所述，反映市民化各维度的指标体系见表4-1。

表4-1　　　　　　　　市民化指标评价体系

一级指标	二级指标	三级指标	范围	四级指标
市民化综合指数	市民化意愿	态度市民化	0-1	是否关注城市的变化
				是否喜欢这个城市
				熟人中与本地人结婚的多不多
				对本地生活方式的态度
				与本地人是否谈得来
		意愿市民化	0-1	是否愿意长期居住
				无论多少钱也不可能成为本地人
				对子女的教育期望
				是否愿意融入当地人中，成为其中一员

续表

一级指标	二级指标	三级指标	范围	四级指标
市民化综合指数	市民化行为	文化市民化	0-1	是否参加本地的社区文体活动
				对社区集体活动的关注程度
				是否参加本地社会公益活动
				是否参加有助于子女教育的培养活动
		政治市民化	0-1	社区选举
				听证会
		家庭市民化	0-1	流动家庭规模
				居住时间
				留守家庭规模
	市民化能力	经济支付能力	0-1	相对收入水平
				未来解决住房方式
				相对消费水平
		社会关系	0-1	日常交往对象
				困难求助对象
		人力资本	0-1	受教育程度
				技术职称
	居住市民化	住房环境	0-1	建筑类型
				住房类型
				住房位置
				社区类型
		住房条件	0-1	人均住房相对面积
				配套设施
				配套电器
	基本公共服务市民化（社会权益）	社会保障	0-1	医疗养老失业工伤生育住房保障
		子女教育	0-1	子女学校类型
				是否交借读费
				相对教育支出
		就业	0-1	工作强度（周工作小时数）
				工作类型
				合同类型
				是否接受培训

注：该指标体系是对我国乡—城流动人口市民化水平的基本指标，因不同年份的监测指标不同可适当取舍或增减。

第四章　乡—城流动人口市民化指数测算

市民化指标评价体系由 5 大系统、13 个变量、40 个基础指标构成，自上而下分为四级指标：一级指标是总体指标，即市民化综合指数，反映人口城镇化质量的整体水平；二级指标是系统指标，包括市民化意愿、市民化行为、市民化能力、居住市民化、基本公共服务市民化五大系统，可以从不同角度对市民化水平进行评价；三级指标为变量指标，即每个系统由若干变量构成。市民化意愿系统包括两个变量，即态度（市民化主观态度）和意愿变量（市民化意愿的体现）；市民化行为系统包括三个变量，即文化市民化、政治市民化、家庭市民化；市民化能力系统包括三个变量，即经济获得、社会关系和人力资本；居住市民化系统包括住房设施、住房类型等；基本公共服务市民化系统包括社会保障[①]、就业、子女教育等；四级指标为基础指标，是反映每个变量的具体指标，共有 40 个（见表 4-1）。

上述指标的设立虽不能全面反映乡—城流动人口的市民化程度，但是从调查内容、调查范围来说，以此为基础进行量化测算的结果具有一定的代表性。

三、准备指标

（一）定量指标说明

相对收入（%）：乡—城流动人口月收入相当于城市户籍人口平均收入水平的百分比；相对消费（%）：乡—城流动人口月食品消费相当于城市户籍人口食品平均消费水平百分比；人均住房相对面积（%）：乡—城流动人口人居住房面积相当于城市户籍人口人均住房面积百分比；流动家庭规模（人）：伴随流动人口一起流动的家庭成员数量；留守家庭规模（人）：未伴随流动人口一起流动而留居家中的成员，家庭成员指直系亲属即配偶、未单立门户的父母、兄弟姐妹和子女。

（二）定性指标说明

采用 Likert scale 将定性的 28 个指标赋值进行量化。值得说明的是，目

---

① 社会保障是指国家和社会通过立法对国民收入进行分配和再分配，对社会成员尤其是生活有特殊困难的人们的基本生活权利给予保障的社会安全制度。一般来说，社会保障由社会保险、社会救济、社会福利、优抚安置等组成。其中，社会保险是社会保障的核心内容（基本公共服务均等化课题组．让人人平等享受基本公共服务 [M]．北京：中国社会科学出版社，2011）。在构建指标体系时限于资料的可得性，社会保障只包括了社会保险，其他内容没有考虑。

常交往对象主要是考察乡—城流动人口的社会关系即主要是与城市居民建立的社会关系网，因此，按照地缘、亲缘远近，将无人来往、同乡和亲戚、雇主和同事、邻居和朋友依次量化为1，2，3，4分；住房类型划分为合租及免费集体房、独租雇主房及私房、免费独住、已购商品房四种类型，考虑到人口密度、住房设施、住房成本等，已购房的居住条件优于免费独住、免费独住优于独租房、独租房优于集体住，因此按序赋值1，2，3，4分；子女所在学校类型按打工子弟、私立学校、公立学校单独班、公立学校混合班划分。从办学资源、教学质量、融合程度上看，公立学校混合班优于单独班，公立学校优于私立学校，私立学校优于打工子弟学校，因此按序赋值为1，2，3，4分（见表4-2）。

表4-2　　　　　　　　　　定性指标量化

量化指标	1分	2分	3分	4分
是否愿意长期居住	否	没想过	想过	是
是否关注城市的变化	完全不同意	不同意	同意	完全同意
无论如何都不会成为本地人	完全不同意	不同意	同意	完全同意
熟人中有与本地人结婚	没有	很少	较多	非常多
喜欢现在居住的城市	完全不同意	不同意	同意	完全同意
日常交往对象	没人来往	同乡、室友	同事、亲戚	朋友
困难求助对象	无人可找	政府机构	亲戚	朋友
是否与当地谈得来	非常谈不来	谈不来	比较谈得来	非常谈得来
愿意融入当地人中	完全不同意	不同意	同意	完全同意
对社区集体活动关注程度	一点不关注	不太关注	比较关注	非常关注
对本地生活方式的态度	排斥	尊重，不接受	接受部分	完全接受
受教育程度	小学及以下	初中	高中中专	大专及以上
何种技术职称	没有职称	初级工	初级专业技术	中级工技师中级专业及以上
建筑类型	临时工棚	地下室	平房	楼房
住房类型	合租或免费集体房	独租	免费单独住	已购商品房、保障房、廉租房
住房位置	乡村	远郊	近郊	市区
未来五年解决住房方式	0~500元	501~1 000元	1 000元以上	购买
社区类型	农村社区棚户区	城中村	未改造老城工矿区	经适房普通房机关别墅区
配套设施	无任何设施	1种设施	2种设施	3种以上设施

第四章 乡—城流动人口市民化指数测算

续表

量化指标	1分	2分	3分	4分
家用电器	无任何电器	1种电器	2种电器	3种以上电器
社会保障	无保障	1种保障	2种保障	3种以上保障
子女学校类型	打工子弟学校	私立学校	公立学校单独班	公立学校混合班
是否参加技能培训	否			是
是否缴纳借读费	交			不交
子女居住地	老家			本市
是否参加社区文体活动	否			是
是否参加社区公益活动	否			是
是否参加子女教育活动	否			是

四、指标权重的确定

(一) 数据标准化处理

由于市民化指标数据的量纲不同，因此，要对这些指标进行无量纲化处理，便于不同表现形式、不同计量单位的指标能够直接综合。标准化的具体方法主要有指数化、位序化、极值化等。

1. 指数化

指数化是利用已经确定的各指标的目标值或平均值对实际值进行标准化处理。对于正指标，即指标值越高，反映市民化水平越高；对于逆指标，即指标值越高，反映的市民化水平越低。指数化法的约束条件是实际值与目标值的比值不大于1。当实际值与目标值大于1时，取1，表明该项指标已达到市民化水平。公式如下：

正指标：$C_{ij} = 100 * X_{ij} / X_{ij目标}$

逆指标：$C_{ij} = 100 * X_{ij目标} / X_{ij}$

其中，C_{ij}表示标准化指数；$X_{ij目标}$、X_{ij}分别表示目标值和实际值。

2. 位序化

位序化是根据某一市民化指标在一定范围内顺序计算该指标的指数。当指标值与市民化水平呈正方向相关时，排序从小到大，反之则按照从大到小的顺序。公式如下：

$$C_{ij} = 100 * X_{ij}/n$$

其中，C_{ij} 为指标指数；X_{ij} 为排序的顺序数；n 为个数。

3. 极值化

极值法是利用各个指标的最大值和最小值对实际值进行处理。由于对指标的个数和分布状况没有特殊要求，转化后的数据相对性质较为明显，便于做进一步的数据处理，主要公式如下：

指标与评价结果正相关的指数化处理公式为：

$$X_i = \frac{x_i - \min(x)}{\max(x) - \min(x)}$$

指标与评价结果负相关的指数化处理公式为：

$$X_i = \frac{\max(x) - x_i}{\max(x) - \min(x)}$$

其中，X_i 是指数；x_i 为原始数据值；max（x）为该项指标中最大值；min（x）为该项指标中最小值。

4. 线性变换法

在决策矩阵中，对于正向指标和逆向指标分别取：

$$y_{ij} = X_{ij} \Big/ \max_{1 \leq i \leq m} X_{ij}, (1 \leq i \leq m, 1 \leq j \leq n)$$

$$y_{ij} = \min_{1 \leq i \leq m} X_{ij} \Big/ X_{ij}, (1 \leq i \leq m, 1 \leq j \leq n)$$

经过线性变换后，指标值均在 0~1，正、逆向指标均转换为正向指标，最优值为 1，最劣值为 0。

（二）评价指标权重的确定

权重是一个相对的概念，权重系数是指在一个领域中，对目标值起权衡作用的数值。某一指标的权重是指该指标在整体评价中的相对重要程度。由于指标体系中各个指标的重要程度不同，在进行综合评价时，对不同的指标赋予不同的权重。权重的确定方法有多种，如熵值法、等权法、因子分析法、数理统计法等。因主要采用熵值法故做详细介绍，其他方法不再赘述。

在信息论中，信息量越大，不确定性就越小，熵也就越小；信息量越小，不确定性越大，熵也越大。根据熵的特性，我们可以根据各项指标值的差异程度，用熵值来判断某个指标的权重，为多指标综合评价提供依据（郭显光，

1994)。分两步完成：

$$e_j = -K * \sum_{i=1}^{m} y_{ij} \ln y_{ij} \quad (4-1)$$

$$w_j = 1 - e_j \Big/ \sum_{j}^{n} 1 - e_j \quad (4-2)$$

式（4-1）、式（4-2）中：y_{ij}表示 j 项指标的比重；e_j 表示 j 项指标的信息熵；w_j 表示 j 项指标的权重；$1-e_j$ 代表冗余度即信息效用价值，差值越大，则代表该项指标对评价结果的重要性就越大；m 代表评价样本；n 代表指标个数。为了保证信息熵为正值，令 $k = 1/\ln m$。

第二节 测算结果分析

一、全国层面市民化指数分析

（一）测算结果综合分析

乡—城流动人口市民化平均水平为 0.478，以城市居民为 1 的市民化水平为参照，乡—城流动人口市民化程度未及一半。从市民化水平分布看，达到 0.7 以上的乡—城流动人口占比 3.71%；0.5~0.7 的乡—城流动人口占比 36.94%；0.3~0.5、0~0.3 的乡—流动人口比重为 55.53%、3.82%。整体看，市民化综合水平未及 0.5 的乡—城流动人口占比 59.35%，市民化水平处于较低层次（见表 4-3）。

表 4-3　　　　　　　　　不同维度的市民化指数

指标	平均值	标准差	0~0.3	0.3~0.5	0.5~0.7	0.7~1
市民化综合指数	0.478	0.115	3.82	55.53	36.94	3.71
市民化意愿	0.731	0.267	1.47	28.21	32.46	37.86
市民化能力	0.588	0.118	0.49	22.67	58.40	18.44
居住市民化	0.714	0.150	8.94	10.75	34.36	45.95
市民化行为	0.363	0.173	36.18	44.13	18.11	1.58
社会公共服务市民化	0.406	0.184	37.51	37.22	13.89	11.38

从不同维度考察，乡—城流动人口市民化以市民化意愿、居住市民化处于高水平状态，分别为0.731、0.714，说明乡—城流动人口有较强的意愿居住在城市，并且居住条件已达到城市居民的71.4%，显示乡—城流动人口在城市居住的基础条件和设施比较完备；其次是市民化能力指数为0.588，处于中高水平，意味着乡—城流动人口具有较强的生存能力；基本公共服务市民化、市民化行为指数分别为0.406、0.363，说明乡—城流动人口在基本社会公共服务的均享和在城市社会的文体、公益、党政团体等一系列活动的参与程度处于较低水平，仅占城市居民的40.6%、36.3%（见表4-3）。

乡—城流动人口不同维度的市民化水平分布存在明显差异。市民化意愿方面，37.86%的乡—城流动人口集中在0.7以上高水平状态，市民化意愿为0.3以下的低水平状态人口比重为1.47%，反映多数乡—城流动人口都有成为市民的共同愿望。市民化能力方面，分布在0.5~0.7的人口比重最高，占比58.4%；其次是分布在0.3~0.5、0.7~1，比重分别为22.67%、18.44%；分布在0~0.3的人口比重最低，为0.49%，从分布状况看，多半乡—城流动人口市民化能力处于中等以上水平。居住市民化方面，分布在0.7~1的人口比重最高，为45.95%；其次是0.5~0.7的人口比例为34.36%；处于中低水平状态的人口比重为10.76%；处于低水平状态的人口比重最低，为8.94%。市民化行为方面，分布在低水平、中低、中高、高水平状态的乡城流动人口比重分别为36.18%、44.13%、18.11%、1.58%，从结果看，超过80%的人口行为市民化水平处于中等水平以下。基本社会公共服务市民化方面，处于低、中低、中高、高水平的人口比重依次为37.51%、37.23%、13.89%、11.38%，表明有一半以上人口的基本社会公共服务市民化处于中等水平以下。

从各变量的市民化层次看，市民化态度、设施环境处于高水平状态；市民化意愿、社会关系、人力资本、经济获得、住房环境处于中高水平；文化、家庭、社会保障、就业处于中低水平；政治市民化处于低水平层次。分变量指标看，乡—城流动人口市民化意愿平均水平0.610，市民化态度为0.834，根据核密度分布图，乡—城流动人口主要集中在市民化意愿为0.8、0.5附近，其中市民化意愿为0.8附近存在核密度函数极值；从市民化态度看，乡—城流动人口主要集中在0.75左右（见表4-4，图4-1）。

第四章 乡—城流动人口市民化指数测算

表4-4　　　　　　　　　　三级变量指标测算结果

变量指标	平均值	标准差	最小值	最大值
市民化态度	0.834	0.126	0.250	1.000
市民化意愿	0.610	0.292	0.250	1.000
文化市民化	0.476	0.268	0.250	1.000
政治市民化	0.007	0.004	0.005	0.021
家庭市民化	0.458	0.264	0.002	1.000
社会关系	0.567	0.210	0.250	1.000
人力资本	0.518	0.179	0.250	1.000
经济获得	0.678	0.233	0.000	1.000
住房环境	0.679	0.216	0.250	1.000
设施环境	0.747	0.251	0.250	1.000
社会保障	0.340	0.194	0.250	1.000
就业市民化	0.392	0.160	0.098	0.917
教育市民化	0.474	0.164	0.250	1.000

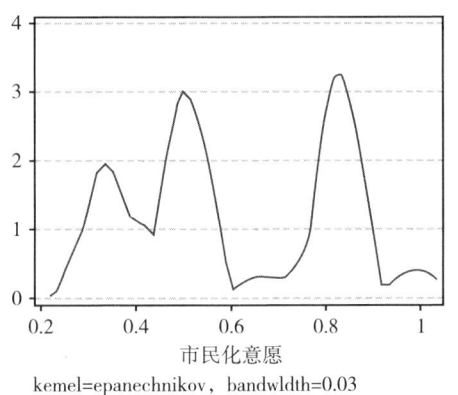

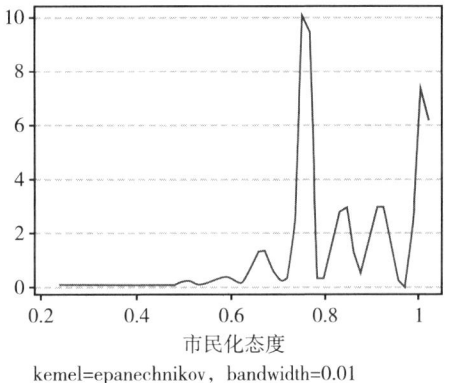

图4-1　市民化意愿、市民化态度核密度分布

反映乡—城流动人口市民化能力的变量指标包括经济获得能力、人力资本及社会关系，三者平均水平依次是0.678、0.518、0.567。从分布来看，在经济获得能力为0.9附近存在核密度函数极值，但宽带较窄，说明乡—城流动人口一部分人经济获得能力较强，但这部分人并不多。人力资本主要指乡—城流动人口的受教育年限和拥有的技术职称，受教育年限越长、技术职称越高，找到工作并获得高收入的机会越大。从平均水平来看，乡—城流动人口人力资本

水平只有 0.518；从分布特征看，人力资本水平核密度函数在 0.5 附近出现极值且宽带较窄，说明多半的乡—城流动人口的人力资本水平在 0.5 上下。社会关系是反映乡—城流动人口是否真正融入城市社会、向城市居民转变的一个很重要的尺度，社会关系市民化在一定意义上体现了乡—城流动人口适应性。根据测算结果，社会关系市民化平均水平 0.567，说明乡—城流动人口在城市的社会关系网络是城市市民的 56.7%。从分布看，社会关系市民化水平在 0.3、0.7 附近出现双峰，但宽带较窄，且左侧 0.5、0.8~0.9 附近出现两个小高峰，表明乡—城流动人口社会关系网络整体上处于不均衡状态，不利于市民化实现（见表 4-4，图 4-2）。

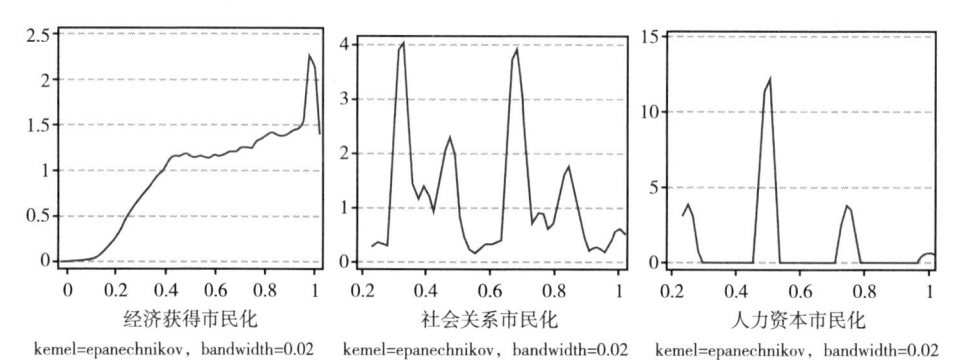

图 4-2 经济获得、社会资本、人力资本核密度分布

居住市民化的变量指标包括住房外围环境和住房内部设施环境市民化，二者平均水平在 0.50 以上，依次为 0.679、0.747。从分布特征看，乡—城流动人口住房环境市民化水平在 0.7~0.8 附近出现核密度函数极值，说明多半乡—城流动人口内部的住房环境市民化水平还是比较高的；住房设施环境市民化水平核密度函数出现三峰，在 1 附近出现高峰，0.5 附近出现次高峰，0.75 附近出现小高峰，说明多数乡—城流动人口住房设施环境市民化水平较高，但是仍有一小部分乡—城流动人口的设施环境市民化水平较低（见图 4-3）。

反映市民化行为的变量指标包括文化市民化、政治市民化、家庭市民化，三者平均水平依次为 0.476、0.007、0.458。文化市民化主要是指乡—城流动人口参与社会活动即社会文体、公益及社区有关活动，从核密度分布看，文化市民化水平核密度函数在 0.2~0.3 出现极值，说明乡—城流动人口参与文化活动的市民化程度处于低水平状态；政治市民化主要是考察乡—城流动人口党政团体活动的参与程度，从分布看，在 0.005 附近出现宽带较窄的高峰区，说

第四章 乡—城流动人口市民化指数测算

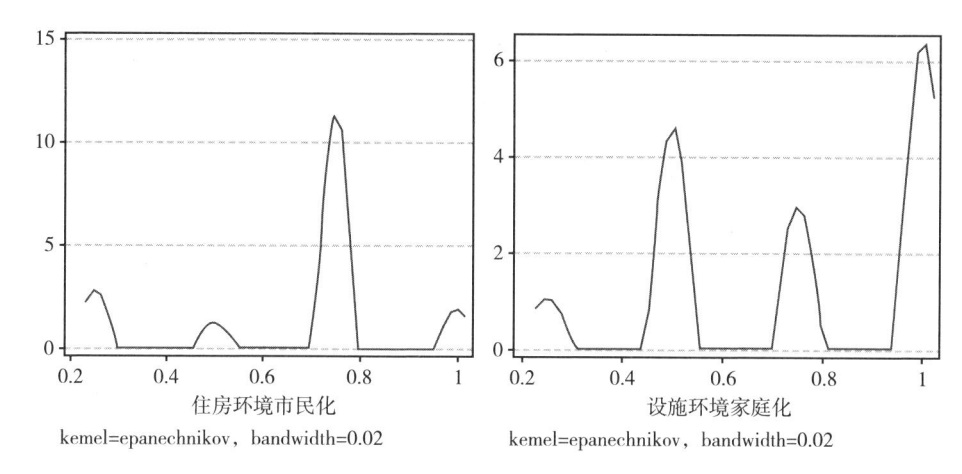

图 4-3 住房设施、住房环境核密度分布

明大多数的乡—城流动人口政治市民化水平处于较低层次；家庭市民化水平在 0.7 附近出现高峰，在 0.55、0.41、0.9 附近出现小高峰，说明从家庭市民化看，乡—城流动人口家庭市民化水平在各区间分布较为均匀（见图 4-4）。

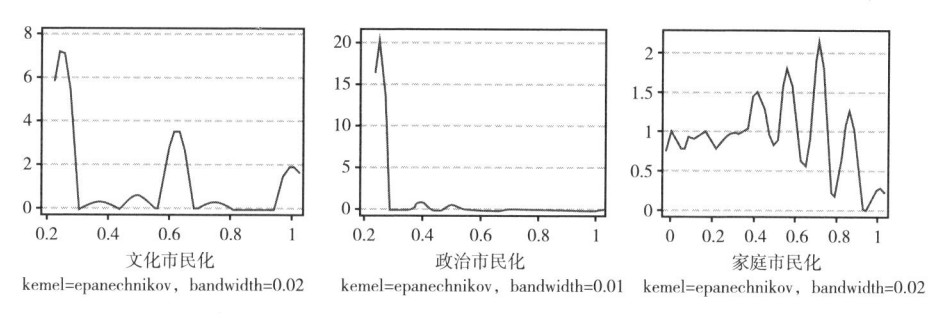

图 4-4 文化市民化、政治市民化、家庭市民化核密度分布

基本社会公共服务市民化的变量指标包括社会保险、教育、就业市民化，三项指标平均水平依次为 0.340、0.474、0.392，处在 0.3~0.5，由此判断三者均处于中低水平状态。依据社会保险市民化核密度图，乡—城流动人口主要集中在社会保险市民化水平 0.25 附近，表明乡—城流动人口社会保险市民化水平多半处于低层次状态。教育市民化核密度图呈现双峰特征，在 0.2~0.3 存在极值，在 0.9 附近出现小高峰，但宽带较窄，说明多半乡—城流动人口子女受教育市民化水平比较低，只有一小部分群体处于较高状态，展现了乡—城流动人口子女享有教育资源、教育机会的不平衡状态。就业市民化核密度函数在 0.4 附近出现极值，0.2~0.4 附近连续出现小高峰，同时核密度图有左拖尾现象，说明小部分乡—城流动人口就业市民化水平较高，大部分主要集中在就业市民化水平较低，处在0.4附近。从基本公共社会服务的三个变量指标的分布看，社会保险、教育、就业市民化水平进展处于不平衡状态，且多半人口市民化处于中低水平及以下状态（见图4-5）。

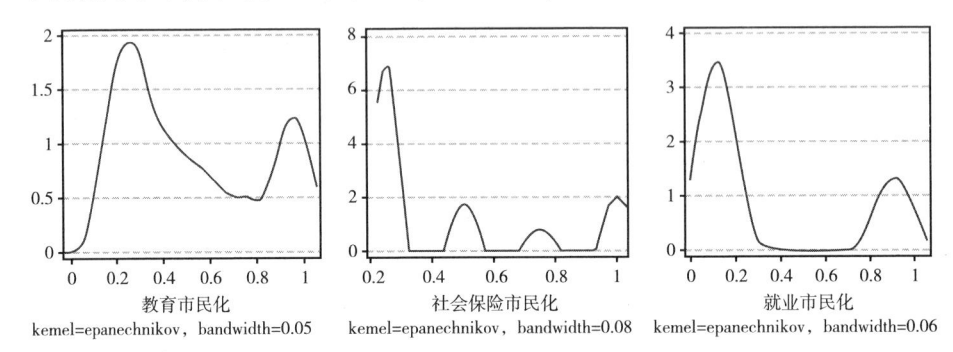

图4-5 教育、就业、社会保险市民化核密度分布

（二）分类型的乡—城流动人口市民化水平

1. 性别

男、女性乡—城流动人口市民化综合指数均值分别为0.475、0.482，女性市民化程度略高于男性0.07个点；从分布上看，市民化综合指标处于中高水平及以上的男、女性乡—城流动人口比重分别为39.75%、41.97%，女性高于男性2.22个百分点。

从不同维度看，男性、女性的市民化意愿平均指数分别为0.728、0.734，女性略微高于男性0.006；分布在中高水平及以上的男、女性乡—城流动人口比重分别为69.6%、71.13%，女性比重高于男性1.53个百分点。男、女性的市民化能力平均指数分别为0.591、0.583，男性高于女性0.008；分布在中高水平及以上的男、女性乡—城流动人口比重分别为77.75%、75.46%，男性高于女性2.29个百分点。从居住市民化方面看，男、女性居住市民化平均指数分别为0.703、0.726，女性高于男性0.023；分布在中高水平及以上的男、女性乡—城流动人口比重分别为79.24%、81.5%，女性高于男性2.26个百分点。男、女性市民化行为平均指数分别为0.358、0.368，女性高于男性0.01；分布在中高水平及以上的男、女性人口比重分别为19.39%、20.03%，女性高于男性0.64个百分点。从基本社会公共服务方面看，男、女性乡—城流动人口公共服务市民化平均指数分别为0.406、0.407，男性略低于女性

第四章 乡—城流动人口市民化指数测算

0.001；处于中高水平及以上的男、女性人口比重分别为24.83%、25.91%，女性高于男性1.08个百分点。从统计检验结果看，性别在市民化综合水平、市民化意愿、市民化能力、居住市民化、市民化行为上均具有显著差异，而在基本社会公共服务市民化方面的差异性不显著（见表4-5）。

表4-5　　　　　　　　分性别市民化指数测算结果及分布

性别	0~0.3	0.3~0.5	0.5~0.7	0.7~1	平均值	标准差
市民化综合指数							
男	4.12	56.13	36.11	3.64	0.475	0.115
女	3.37	54.66	38.16	3.81	0.482	0.114
$t=6.069$，$Pr(|T|>|t|)=0.000$							
市民化意愿							
男	1.65	28.75	35.21	34.39	0.728	0.265
女	1.26	27.61	35.75	35.38	0.734	0.267
$t=3.774$，$Pr(|T|>|t|)=0.000$							
市民化能力							
男	0.47	21.78	58.65	19.1	0.591	0.118
女	0.52	24.01	58.03	17.43	0.583	0.118
$t=-10.289$，$Pr(|T|>|t|)=0.000$							
居住市民化							
男	9.06	11.7	35.12	44.12	0.703	0.177
女	8.8	9.7	33.49	48.01	0.726	0.167
$t=21.6664$，$Pr(|T|>|t|)=0.0000$							
市民化行为							
男	37.57	43.03	17.84	1.55	0.358	0.152
女	34.6	45.37	18.41	1.62	0.368	0.147
$t=11.063$，$Pr(|T|>|t|)=0.000$							
基本社会公共服务市民化							
男	35.87	39.3	14.46	10.37	0.406	0.179
女	39.89	34.2	13.06	12.85	0.407	0.191
$t=0.554$，$Pr(|T|>|t|)=0.580$							

2. 代际

乡—城流动人口综合市民化指数存在代际差别，从表4-5中可知，第一代、第二代乡—城流动人口市民化综合指数平均水平分别为0.489、0.469，第一代高于第二代 0.02 个百分点；从分布来看，市民化处于中高水平及以上层次的第一代、第二代人口比重分别为 43.93%、37.85%，第一代比重高于第二代 6.08 个百分点。

从不同维度看，统计检验结果表明，不同代际乡—城流动人口在市民化意愿、市民化能力、居住市民化、市民化行为、基本社会公共服务方面均存在显著差异。第一代、第二代的市民化意愿平均指数分别为 0.727、0.735，第二代高于第一代 0.008 个百分点；市民化意愿处于中高水平及以上的第一代、第二代乡城流动人口比重分别为 67.58%、73.62%，第一代低于第二代 6.04 个百分点，表明第二代乡城流动人口市民化意愿相对更加强烈。第一、第二代乡—城流动人口市民化能力平均指数分别为 0.580、0.599，第二代高于第一代 0.019 个百分点；同样，市民化能力处于中高水平及以上的第一代人口比重低于第二代比重 5.15 个百分点，表明第二代乡—城流动人口在城市生存能力较强。在居住市民化方面，第一代、第二代居住市民化平均水平分别为 0.707、0.719，第一代低于第二代 0.012 个百分；同样，居住市民化处于中高水平及以上的第一代人口比重低于第二代人口比重 3.48 个百分点。从市民化行为看，第一代市民化行为平均指数高于第二代 0.073 个百分点；处于中高水平及以上的第一代人口比重明显高于第二代人口比重 11.29 个百分点。对基本社会公共服务市民化水平进行代际比较，第一代低于第二代 0.007 个百分点；处于中高水平及以上的第二代人口比重高于第一代人口比重 3.01 个百分点（见表 4-6）。

表 4-6　　　　　　　　分代际市民化指数测算结果及分布

代际	0~0.3	0.3~0.5	0.5~0.7	0.7~1	平均值	标准差
市民化综合指数							
第一代	3.13	52.94	39.38	4.55	0.489	0.117
第二代	4.39	57.76	34.86	2.99	0.469	0.113
t = -18.710, Pr(|T|>|t|) = 0.000							
市民化意愿							
第一代	2.27	30.15	33.73	33.85	0.727	0.269
第二代	0.49	25.89	37.55	36.07	0.735	0.264
t = 4.393, Pr(|T|>|t|) = 0.000							
市民化能力							
第一代	0.62	24.81	57.7	16.87	0.580	0.118
第二代	0.33	19.96	59.29	20.43	0.599	0.117
t = 23.929, Pr(|T|>|t|) = 0.000							

第四章 乡—城流动人口市民化指数测算

续表

代际	0~0.3	0.3~0.5	0.5~0.7	0.7~1	平均值	标准差
居住市民化						
第一代	10.17	11.11	33.13	45.59	0.707	0.173
第二代	7.46	10.35	35.83	46.37	0.719	0.172
$t=-11.823$, $\Pr(|T|>|t|)=0.000$						
市民化行为						
第一代	26.61	48.57	22.63	2.19	0.396	0.144
第二代	47.68	38.79	12.67	0.86	0.323	0.146
$t=-81.618$, $\Pr(|T|>|t|)=0.000$						
基本社会公共服务市民化						
第一代	35.52	40.83	13.73	9.91	0.402	0.176
第二代	39.21	34.14	14.02	12.63	0.409	0.190
$t=4.354$, $\Pr(|T|>|t|)=0.000$						

3. 受教育水平

统计检验结果表明，受教育年限不同，综合市民化指数及不同维度市民化指数均有显著差异。受教育年限为1年、6年、9年、12年、14年、16年的市民化综合指数平均水平分别为0.450、0.459、0.471、0.499、0.532、0.563，表明随着受教育年限增加，乡—城流动人口市民化指数逐渐提高；从分布看，综合市民化处于低水平状态的人口比重随着受教育年限的增加而逐渐下降，处于高水平状态的人口比重随着受教育年限的增加而提高。文盲、小学、初中、高中及中专、大专、大学及以上文凭的乡—城流动人口市民化处于低水平阶段的比重分别为5.76%、6.04%、4.02%、2.24%、11.08%、0.96%，相应的处于市民化高水平阶段的人口比重分别为0.75%、1.71%、2.86%、5.71%、10.28%、16.25%（见表4-7，图4-6）。

表4-7　　　　　不同受教育年限市民化指数测算结果

教育年限	综合指数	市民化意愿	市民化能力	居住市民化	市民化行为	公共服务
1	0.450	0.740	0.483	0.658	0.370	0.334
6	0.459	0.728	0.497	0.685	0.381	0.353
9	0.471	0.726	0.583	0.709	0.362	0.390
12	0.499	0.741	0.662	0.746	0.351	0.457
14	0.532	0.750	0.741	0.769	0.342	0.538
16	0.562	0.759	0.752	0.804	0.351	0.597
F值	294.42	15.19	5 965.23	417.35	92.31	709.53
Prob>F	0.000	0.000	0.000	0.000	0.000	0.000

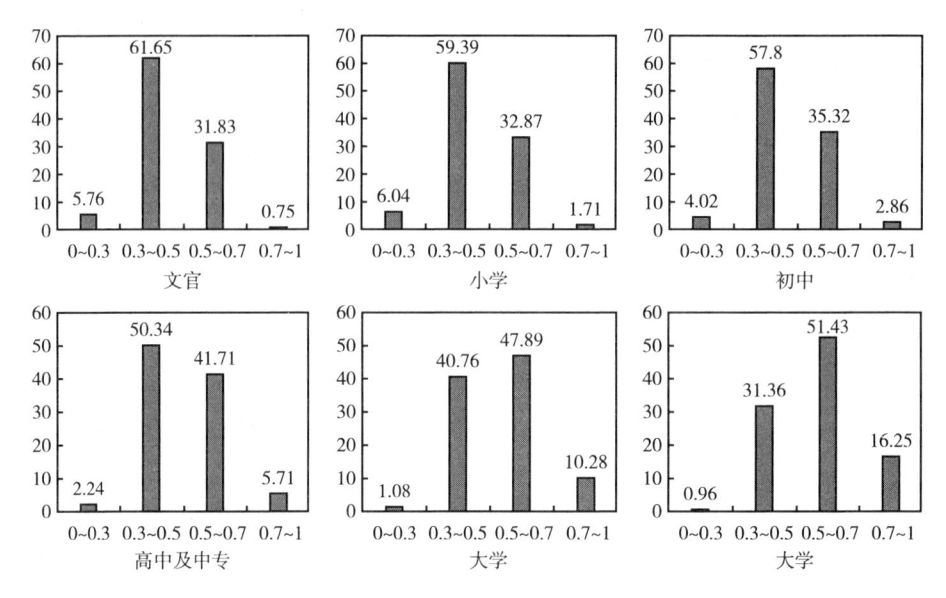

图 4-6 分受教育年限市民化综合水平

从不同维度的市民化指数看，除了市民化意愿随着受教育年限的变化影响较小外，其他维度的市民化程度均随着受教育年限的增加而提高。以公共服务市民化为例，受教育年限为 1 年、6 年的乡—城流动人口社会公共服务市民化平均水平分别为 0.334、0.353，意味着文盲、小学文凭的乡—城流动人口的基本社会公共服务享有程度仅相当于城市本地居民的 33.4%、35.3%；受教育年限为 9 年、12 年、14 年、16 年的乡—城流动人口的基本社会公共服务市民化水平分别为 0.390、0.457、0.538、0.597，意味着受教育年限为 9 年、12 年、14 年、16 年的乡—城流动人口在享有基本社会公共服务方面相当于城市本地居民的 39%、45.7%、53.8%、59.7%，与较低的受教育年限相比，提高了 15.6～26.3 个百分点。

4. 职业

按照国家职业分类标准，将城市劳动力市场职业划分为 6 种类型，分别为国家与社会管理者、专业技术人员、办事及有关人员、商业与服务工作人员、生产运输及设备操作工人、农林牧渔生产人员。

市民化综合指数依国家与社会管理者、办事及有关人员、专业技术人口、农业生产者、商业与服务工作人员、生产运输工人顺序逐渐降低。从事国家与社会管理者、办事及有关人员、专业技术人员的综合市民化指数分别为 0.575、0.546、0.509，处于中高水平状态（0.5～0.7）；从事农林牧渔水利、

第四章 乡—城流动人口市民化指数测算

生产运输人员、商业与服务人员的综合市民化指数分别为0.485、0.476、0.474，处于中低水平状态（0.3~0.5），不及城市本地居民的50%。

分维度看，市民化意愿方面，除从事商业与服务、生产运输设备制造的乡—城流动人口的市民化意愿处于中高水平外，其余职业的乡—城流动人口市民化意愿均在0.7以上，处于高水平状态，其中，从事农林牧渔职业市民化意愿水平最高，为0.819。市民化能力指数较高的职业是国家与社会管理者、办事及有关人员和专业技术人员，分别为0.682、0.665、0.632，意味着从事这三个职业的乡—城流动人口的经济获得、社会关系、人力资本等综合能力相当于城市本地居民的60%以上；从事生产运输工人、商业与服务人员、农林牧渔水利职业的乡—城流动人口市民化能力指数分别为0.586、0.584、0.552，相比较而言，后三者市民化能力水平比较低。居住市民化处于高水平状态（0.7~1）的职业是国家与社会管理者、办事及有关人员、专业技术人员、商业与服务工作者；处于中高水平状态（0.5~0.7）的是从事农林牧渔生产者、生产运输工人的乡—城流动人口。市民化行为指数较高的职业类型是国家与社会管理者，为0.419；其余职业类型的市民化行为指数均低于0.4。基本社会公共服务市民化处于中高水平的职业是国家与社会管理者、办事及有关人员；从事专业技术人员、生产运输工人、商业与服务工作人员、农林牧渔水利的乡—城流动人口的基本社会公共服务市民化水平分别为0.489、0.409、0.354、0.351，处于中低水平状态，不及城市居民的50%。从统计检验结果来看，不同职业类型在市民化综合水平、市民化意愿、市民化能力、市民化行为、居住市民化、基本社会公共服务市民化方面均具有显著差异（见表4-8）。

表4-8　　　　　　　　不同职业类型市民化指数测算结果

职业类型	市民化指数	市民化意愿	市民化能力	居住市民化	市民化行为	社会公共服务
国家与社会管理	0.575	0.765	0.682	0.790	0.419	0.607
专业技术人员	0.509	0.731	0.632	0.713	0.341	0.489
办事和有关人员	0.546	0.771	0.665	0.746	0.343	0.559
商业服务人员	0.474	0.664	0.584	0.715	0.370	0.354
生产运输设备	0.476	0.657	0.586	0.671	0.335	0.409
农林牧渔水利	0.485	0.819	0.552	0.663	0.384	0.351
F值	245.63	70.15	423.48	649.87	450.06	814.27
Prob > F	0.000	0.000	0.000	0.000	0.000	0.00

5. 行业

采用中国统计年鉴划分的行业标准,将行业类型划分为14种,分别为制造业;采掘业;建筑业;电力、燃气及煤、水的生产和供应;农林牧渔业;批发零售业;住宿餐饮业;社会服务业;金融保险地产业;交通运输仓储通信业;卫生、体育和社会保障、社会福利;教育、文化、广播、电影、电视业;科研和技术服务业;党政机关和社会团体。统计检验结果表明,乡—城流动人口的市民化综合水平、市民化意愿、市民化能力、市民化行为、居住市民化以及基本社会公共服务市民化水平在行业类型上具有显著差异。

综合市民化处于中低水平状态的是从事农业、制造业、采掘业、建筑业、批发零售、住宿餐饮、社会服务、电煤水生产供应行业的乡—城流动人口,市民化指数依次为0.488、0.490、0.499、0.447、0.470、0.450、0.479、0.500;处于中高水平状态的是从事金融保险、交通运输仓储通信业、卫生体育、教育广播、党政机关、科技服务业的乡—城流动人口,市民化指数在0.5以上,其中,从事党政机关和社会团体工作的市民化指数最高,为0.575(见表4-9)。

表4-9　　　　　　从事不同行业的市民化指数测算结果

行业类型	市民化指数	市民化意愿	市民化能力	居住市民化	市民化行为	公共服务
制造业	0.490	0.730	0.587	0.673	0.320	0.466
采掘业	0.499	0.655	0.599	0.594	0.360	0.491
农业	0.488	0.818	0.552	0.664	0.386	0.354
建筑业	0.447	0.717	0.586	0.661	0.329	0.344
电煤水生产	0.500	0.676	0.621	0.680	0.381	0.444
批发零售	0.470	0.714	0.599	0.755	0.393	0.352
住宿餐饮	0.450	0.728	0.571	0.707	0.337	0.337
社会服务业	0.479	0.738	0.588	0.721	0.357	0.374
金融保险地产	0.535	0.761	0.682	0.795	0.338	0.492
交通运输	0.505	0.743	0.615	0.735	0.384	0.412
卫生体育	0.523	0.745	0.634	0.728	0.378	0.456
教育文化广播	0.543	0.786	0.658	0.766	0.366	0.507
科研技术服务	0.537	0.762	0.666	0.752	0.355	0.520
党政机关	0.575	0.778	0.668	0.767	0.416	0.555
F值	140.32	38.46	153.21	325.95	285.29	403.71
Prob > F	0.000	0.000	0.000	0.000	0.000	0.000

第四章 乡—城流动人口市民化指数测算

分维度看,市民化意愿方面,除采掘业、电煤水生产供应行业的乡—城流动人口处于中高水平外,其他行业乡—城流动人口市民化意愿平均水平均在 0.7 以上,处于高水平状态,其中,农业行业的市民化意愿水平最高,为 0.818。市民化能力方面,制造业、建筑业、采掘业、农业、批发零售、住宿餐饮、社会服务行业的乡—城流动人口市民化能力指数均在 0.5 ~ 0.6 内,其中,比较低的是从事农业的乡城流动人口,其指数为 0.552;从事其他行业的市民化能力均在 0.6 以上,其中,市民化能力最高的是从事金融保险地产的乡—城流动人口。居住市民化处于中高水平的是从事采掘业、建筑业、农业、制造业、电煤水生产供应的乡—城流动人口,居住市民化指数分别为 0.594、0.661、0.664、0.673、0.680,相比较而言,从事采掘业的居住市民化水平较低;其他行业的乡—城流动人口居住市民化水平均处于高水平状态,其中,从事金融保险地产行业的居住市民化水平较高,为 0.795。市民化行为方面,各行业类型中,从事党政机关和社会团体的乡—城流动人口市民化行为指数较高,其指数为 0.416,其他行业的市民化行为均低于 0.4,其中,从事制造业的乡—城流动人口市民化行为指数最低,仅为 0.32。基本社会公共服务方面,从事教育文化广播、科技服务、党政团体的乡—城流动人口市民化处于中高水平,其中,党政团体的基本社会公共服务市民化水平相对较高,其指数为 0.555;其他行业基本社会公共服务市民化处于中低水平状态,其中,住宿餐饮行业市民化水平最低,指数为 0.337。

6. 单位性质

根据不同部门经营性质,将城市劳动力所属部门类型划分为 7 种,分别为土地承包者、机关事业单位、国有企业、集体企业、个体工商户、私营企业、港澳地区及外资部门。从统计检验结果看,乡城流动人口市民化水平、市民化意愿、市民化能力、市民化行为、居住市民化、基本社会公共服务市民化水平在不同性质的单位类型均有显著差异。

综合市民化处于中低水平的是土地承包者、集体企业、个体工商户、私营企业的乡—城流动人口,其中,市民化指数较低的是个体工商户,其指数为 0.443;处于中高水平的是工作在机关单位、国有企业、港澳及外资部门的乡—城流动人口,市民化指数分别为 0.553、0.536、0.532(见表 4-10)。

表 4-10　　　　　　　不同单位性质的市民化指数测算结果

职业类型	综合市民化指数	市民化意愿	市民化能力	居住市民化	市民化行为	公共服务市民化
土地承包者	0.473	0.806	0.551	0.656	0.397	0.317
机关事业单位	0.553	0.749	0.626	0.697	0.403	0.515
国有企业	0.536	0.730	0.620	0.664	0.368	0.540
集体企业	0.490	0.726	0.597	0.651	0.326	0.434
个体工商户	0.443	0.706	0.590	0.736	0.377	0.305
私营企业	0.473	0.681	0.594	0.680	0.321	0.399
港澳地区及外资	0.532	0.674	0.597	0.704	0.304	0.594
F 值	511.74	101.41	249.07	351.99	496.73	2 023.4
Prob > F	0.000	0.000	0.000	0.000	0.000	0.000

分维度看，不同部门的乡—城流动人口市民化意愿均处于中高水平及以上状态，最强烈的是土地承包者，市民化意愿指数为 0.806，表明相对于其他部门的乡—城流动人口，土地承包者更倾向于愿意成为城市居民。在不同部门务工的乡—城流动人口市民化能力均处于中高水平，其中，市民化能力较强和较弱的是所属机关事业单位与土地承包的乡—城流动人口，其指数分别为 0.626、0.551。居住市民化处于高水平的是在港澳台及外资部门务工以及个体工商户的乡—城流动人口，居住市民化指数分别为 0.704、0.736；在其他部门务工的居住市民化处于中高水平。市民化行为方面，在机关事业单位务工的乡—城流动人口行为市民化指数为 0.403，在其他部门务工的均低于 0.4，其中，私营企业的乡—城流动人口市民化行为最低，仅为 0.321。基本社会公共服务市民化处于中低水平的是土地承包者、个体工商户以及集体企业、私营企业的乡—城流动人口，其中，个体工商户基本社会公共服务市民化水平最低，为 0.301；机关事业单位、国有企业、港澳及外资部门务工的乡—城流动人口，其指数为 0.515、0.540、0.594，处于中高水平（见表 4-10）。

二、省际层面市民化指数测算结果与分析

（一）测算结果描述

从市民化综合指数看，北京、天津、山西、辽宁、上海、江苏、福建、山东、湖北、广东、广西市民化程度高于全国平均水平 0.478，其中，市民化程度较高的前三个省市是上海、北京、广东，市民化综合指数分别为 0.543、

第四章 乡—城流动人口市民化指数测算

0.531、0.514；其他省份的市民化程度均低于全国平均水平，其中，市民化程度较低的前三省市是西藏、湖南、云南，综合指数分别为 0.414、0.428、0.432（见表 4-11）。

表 4-11　　　　　　　　　省际市民化指数测算结果

省际	综合指数	市民化意愿	市民化能力	市民化行为	居住市民化	公共服务
北京	0.531	0.867	0.624	0.391	0.647	0.461
天津	0.496	0.824	0.581	0.371	0.664	0.430
河北	0.431	0.704	0.576	0.317	0.665	0.371
山西	0.510	0.805	0.583	0.417	0.664	0.381
内蒙古	0.460	0.697	0.611	0.393	0.663	0.345
辽宁	0.489	0.806	0.609	0.345	0.714	0.386
吉林	0.441	0.632	0.602	0.363	0.713	0.331
黑龙江	0.476	0.820	0.595	0.422	0.712	0.309
上海	0.543	0.921	0.615	0.369	0.714	0.469
江苏	0.504	0.795	0.593	0.312	0.704	0.487
浙江	0.452	0.711	0.574	0.313	0.681	0.384
安徽	0.462	0.647	0.611	0.356	0.775	0.391
福建	0.505	0.770	0.595	0.383	0.722	0.443
江西	0.440	0.653	0.595	0.346	0.771	0.383
山东	0.502	0.744	0.606	0.366	0.759	0.453
河南	0.438	0.714	0.577	0.355	0.756	0.308
湖北	0.502	0.772	0.610	0.415	0.759	0.395
湖南	0.428	0.670	0.598	0.336	0.760	0.364
广东	0.514	0.767	0.604	0.371	0.787	0.492
广西	0.481	0.695	0.592	0.382	0.791	0.400
海南	0.471	0.699	0.595	0.357	0.792	0.392
重庆	0.485	0.662	0.604	0.391	0.803	0.440
四川	0.468	0.652	0.588	0.359	0.739	0.452
贵州	0.447	0.631	0.572	0.394	0.693	0.366
云南	0.432	0.684	0.554	0.348	0.660	0.342
西藏	0.414	0.722	0.513	0.330	0.620	0.302
陕西	0.436	0.705	0.579	0.364	0.619	0.336
甘肃	0.440	0.737	0.571	0.353	0.668	0.332
青海	0.444	0.737	0.562	0.394	0.619	0.334
宁夏	0.474	0.723	0.577	0.376	0.678	0.332
新疆	0.475	0.864	0.538	0.361	0.653	0.346

分维度看，市民化意愿指数高于全国平均水平0.731的省份有北京、天津、山西、辽宁、黑龙江、上海、江苏、福建、山东、湖北、广东、甘肃、青海、新疆，其中，上海的乡—城流动人口市民化意愿最为强烈，市民化意愿指数为0.921；其他省市的市民化意愿均低于全国平均水平，其中，贵州、吉林、四川的市民化意愿相对较弱，其指数分别为0.631、0.632、0.652。市民化能力指数高于全国平均水平0.588的省市有北京、内蒙古、辽宁、吉林、黑龙江、上海、江苏、安徽、福建、江西、山东、湖北、湖南、广东、广西、海南、重庆、四川，其中，位于前三的省市是北京、上海、内蒙古和安徽，其指数分别为0.624、0.615、0.611；其他省份市民化能力均低于全国平均水平，其中，比较低的前三省份是西藏、新疆、云南，市民化能力指数分别为0.513、0.538、0.554。市民化行为指数高于全国平均水平0.363的省市有北京、天津、山西、内蒙古、吉林、黑龙江、福建、山东、湖北、广西、重庆、贵州、陕西、青海、宁夏，其中，黑龙江、山西、湖北，指数分别为0.422、0.417、0.415；其他省市市民化行为指数低于全国平均水平，其中比较低的前三的省市是江苏、浙江、河北，其指数分别为0.312、0.313、0.317。居住市民化指数高于全国平均水平0.714的省市有辽宁、上海、安徽、福建、江西、山东、河南、广东、广西、海南、重庆、四川，其中居住条件更接近城市居民的前三个省市是重庆、海南、广西，居住市民化指数分别为0.803、0.792、0.791；其他省市低于全国平均水平，其中居住条件较差的前三个省市是青海和陕西、西藏、北京，居住市民化指数分别为0.619、0.620、0.647。基本社会公共服务市民化高于全国平均水平0.406的省市有北京、天津、上海、江苏、福建、山东、广东、重庆、四川，其中位于前三个省市的是广东、江苏、上海，社会公共服务市民化指数分别为0.492、0.487、0.469；其他省市低于全国平均水平，其中，基本社会公共服务市民化指数较低的前三个省市是西藏、河南、黑龙江，指数分别为0.302、0.308、0.309。

（二）市民化水平地区差异的聚类分析

1. 研究方法

聚类分析（cluster analys）也称群分析、点群分析，是基于观测案例在许多变量上的相异性，将案例划分成不同组（groups）或类（clusters）的方法。它主要通过将个体或对象分类，使类间对象的同质性最大化和类与类间对象的相似性更强，是根据研究对象特征对研究问题进行分类的多元分析方法。

本书采用K-均值分类法，K-均值法是一个寻找目标函数最小化的过

第四章 乡—城流动人口市民化指数测算

程，目标函数通常采用最小方差函数，计算过程因简单、效率高而应用较为普遍，其计算步骤如下：①把样品粗略分成 K 个初始类；②进行修改，逐个分派样品到其最近均值的类中去（默认采用 Euclidian 距离），重新计算新样品的类和失去样品的类的均值；③重复第②步，直到各类无元素进出。

2. 聚类分析结果及其探讨

分别采用市民化综合水平、市民化意愿、市民化能力、居住市民化、市民化行为、基本社会公共服务市民化对全国 31 个省（区、市）进行聚类，聚类结果不尽相同。另外，为检验各类别市民化相关指标平均水平是否具有统计意义上的显著性进行了方差分析。根据统计检验结果的 F 统计量、P 值，拒绝原假设，即各个类别间均具有显著的地区差异，且这种差异具有统计学意义（见表 4-12）。

表 4-12　　　　　省际乡—城流动人口市民化状况聚类结果

指标	均值	类别	地　区
市民化水平	0.512	I	上海、北京、广东、天津、山西、江苏、福建、山东、湖北
	0.474	II	内蒙古、辽宁、黑龙江、安徽、广西、海南、重庆、四川、宁夏、新疆
	0.437	III	河北、吉林、浙江、江西、河南、湖南、贵州、云南、西藏、陕西、甘肃、青海
	\multicolumn{3}{c}{F = 108.14　　Prob > F = 0.000}
市民化意愿	0.838	I	北京、天津、山西、辽宁、黑龙江、上海、江苏、新疆
	0.726	II	河北、内蒙古、浙江、福建、山东、河南、湖北、广东、广西、海南、西藏、陕西、甘肃、青海、宁夏
	0.654	III	吉林、安徽、江西、湖南、重庆、四川、贵州、云南
	\multicolumn{3}{c}{F = 76.38　　Prob > F = 0.000}
市民化能力	0.604	I	北京、内蒙古、辽宁、吉林、黑龙江、上海、安徽、福建、江西、山东、湖北、湖南、广东、广西、海南、重庆
	0.576	II	天津、河北、山西、浙江、河南、四川、贵州、陕西、甘肃、青海、宁夏
	0.535	III	云南、西藏、新疆
	\multicolumn{3}{c}{F = 74.33　　Prob > F = 0.000}
市民化行为	0.418	I	山西、黑龙江、湖北
	0.386	II	北京、天津、内蒙古、福建、广西、重庆、贵州、青海、宁夏
	0.347	III	河北、辽宁、吉林、上海、江苏、浙江、安徽、江西、山东、河南、湖南、广东、海南、四川、云南、西藏、陕西、甘肃、新疆
	\multicolumn{3}{c}{F = 85.85　　Prob > F = 0.000}

续表

指标	均值	类别	地 区
居住市民化	0.772	I	安徽、江西、山东、河南、湖北、湖南、广东、广西、海南、重庆、四川
	0.687	II	天津、河北、山西、内蒙古、辽宁、吉林、黑龙江、上海、江苏、浙江、福建、贵州、云南、甘肃、宁夏、安徽
	0.631	III	北京、西藏、陕西、青海、新疆
	F = 118.57 Prob > F = 0.000			
公共服务市民化	0.459	I	北京、天津、上海、江苏、福建、山东、广东、重庆、四川
	0.383	II	河北、山西、辽宁、浙江、安徽、江西、湖北、湖南、广西、海南、贵州
	0.329	III	内蒙古、吉林、黑龙江、河南、云南、西藏、陕西、甘肃、青海、宁夏、新疆
	F = 160.38 Prob > F = 0.000			

（1）依照市民化水平聚类。根据市民化综合水平聚类分析，结果显示，31个省（区、市）的聚类结果大致是按照东、中、西部地区归类。其中，类别 I 包括9省市，除了经济发展水平较高的上海、北京、广东、天津等东部地区7省外，还包括中部较为发达的资源型省份山西、湖北。受自然环境、经济发达、技术进步、产业布局合理、社会服务相对健全、制度环境相对开放自由等优势影响，东部地区乡—城流动人口整体市民化程度较高，为0.512。类别 II 包括的省份黑龙江、安徽等中部地区及西部经济相对较为发达的四川、重庆、内蒙古、新疆等资源型地区。类别 II 无论在资源、人才、技术、还是资金上都处于中等水平，综合市民化程度仅次于类别 I，为0.474，低于类别 I 0.038个点。类别 III 包括甘肃、青海、云南、西藏等西部落后省份以及中部经济欠发达地区。由于西部地区自然环境相对恶劣、社会经济发展比较落后、产业较为单一等因素影响，乡—城流动人口整体市民化水平低于中东部地区，为0.437，比类别 I、类别 II 分别低0.007、0.075个点。一个基本的判断是，经济越发达的地区，市民化综合水平相对越高。

以人均GDP为自变量（X），市民化综合水平为因变量（Y），做散点图（见图4-7），发现两变量近似服从线性关系。经计算相关系数为0.671，表明两者具有较强的相关关系。试着对2011年31个省（区、市）的数据做简

第四章 乡—城流动人口市民化指数测算

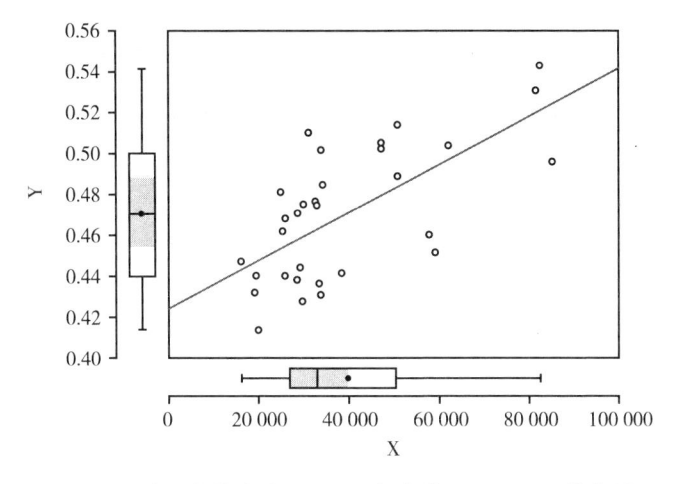

图 4-7 市民化综合水平（Y）与人均 GDP（X）散点图

单的最小二乘（OLS）估计。结果如下：

$$\log(Y) = -1.889 + 0.108\log(X)$$
$$(-8.169)(4.904)$$

$$R^2 = 0.46, DW = 2.45, s.e. = 0.052$$

回归结果显示，R^2 为 0.46，说明市民化变差的 46% 由人均 GDP 解释，意味着还有其他一些因素，如资源、社会、技术、制度等影响着市民化水平的变差。$s.e.$ 是回归函数的标准误差，值越小，表明回归效果越好。回归系数为 0.108，表明人均 GDP 增长 1%，市民化水平增长 0.108%。说明经济发展越快越有利于促进市民化水平提高，同时，也说明单纯依赖经济增长，并不能有效快速地提高市民化水平，需要从方方面面入手，制定一系列配套政策，保障市民化进程健康、平稳快速发展，从而提高城镇化质量。浙江省就是一个范例，虽位于东部地区，经济、制度环境相对发达，但是市民化综合水平偏低，位于西部地区行列，主要原因是市民化行为以及基本社会公共服务市民化水平偏低。数据考察，浙江省乡—城流动人口流动家庭成员规模比较低，平均为 1.17 人，仅高于西藏；参与文体、公益活动的比例仅为 18.52%，是全国排名最低的三省之一；工资收入以及享有社会保险的比重基本与中部地区持平，低于东部经济发达地区。浙江是中小型民营企业大省，且制造业企业占比 70% 以上（姜明伦，2007），企业规模较小以及不稳定的就业环境，导致收入不稳定、流动家庭规模较小以及较少考虑务工群体的政治、文化诉求，从而导致乡—城流动人口综合市民化水平偏低。

（2）依照市民化意愿聚类。对31个省（区、市）的市民化意愿指标聚类分析发现，31个省（区、市）聚类结果基本上也是按照东、中、西分布归为一类，东部地区市民化意愿仍然处于高水平状态，为0.838；西部地区为0.726；中部地区市民化意愿最低为0.654，弱于西部。相对中西部，东部地区经济发达，收入水平较高、社会保障与福利政策等比较优越，无疑乡—城流动人口市民化意愿高于中西部；西部是劳务输出大省，随着产业从东部地区向中西部转移以及避免较高的迁移成本，流动人口实现就地转移的趋势越来越明显，从这个角度考虑，西部地区乡—城流动人口就地市民化意愿水平可能会提高；此外，经济收入是乡—城流动人口安居意愿的主要影响因素。中国流动人口发展报告显示，西部地区乡—城流动人口工资水平比中部高出4.5%，西部地区工资水平明显高于中部可能也是市民化意愿高于中部的原因之一。

（3）依照市民化能力聚类。聚类分析发现，依照市民化能力指标对31个省（区、市）聚类与以市民化综合水平进行聚类结果略有差别。聚类Ⅰ囊括了一半以上的省份，不仅包括上海、北京、广东、福建等经济发达的地区，也包括中部经济相对发达的省份，如湖北、湖南、安徽等地；类别Ⅱ包括河南、山西等中部部分地区以及四川、甘肃、青海、宁夏等西部地区；类别Ⅲ包括云南、西藏、新疆少数民族地区。三个类别的市民化能力指数依次为0.604、0.576、0.535，总体来看，云南、西藏、新疆少数民族地区市民化能力水平偏低，为0.535。由于西部少数民族地区自然环境较差，工业基础薄弱，经济发展落后，受教育程度普遍偏低，语言、生活习惯、宗教信仰、民族文化等方面也与汉族有较大差异，这在不同程度上影响了市民化能力。数据考察，52.6%的少数民族乡—城流动人口仅完成初中教育；32.2%受教育程度为小学及以下，比汉族流动人口高出13.8个百分点；15.2%接受过高中及以上教育，比汉族低7.8个百分点（基本公共服务均等化研究课题组，2011）。从就业考察，47.8%的少数民族乡—城流动人口从事生产、运输设备操作领域，高于汉族12.7个百分点，而这个职业领域的收入相对来说是比较低的；从收入考察，少数民族地区乡—城流动人口平均月收入为2 310元，有一半人超过2 000元，而汉族为2 551元，二者相差241元。

（4）依照市民化行为聚类。聚类分析发现，依照市民化行为对31个省（区、市）聚类结果异化于其他指标的聚类结果，打破了东、中、西分类的局面。类别Ⅰ包括山西、黑龙江、湖北；类别Ⅱ包括东部北京、天津、福建及西部内蒙古、广西、重庆、贵州、青海、宁夏；其余地区在类别Ⅲ内。由此看

第四章 乡—城流动人口市民化指数测算

来,每类均有东、中、西省份,换言之,聚类结果一定程度上反映了市民化行为指标与经济发展程度是弱相关的。

(5) 依照居住市民化聚类。聚类分析发现,聚类Ⅰ主要是广东、广西、海南、湖北等华南和华中部分地区,居住市民化水平为 0.772。以广东为首的华南地区政府以及招工企业为吸引和稳定流动人口制定了一系列安居政策,注重居住条件改善,居住环境以及室内设施较为健全一定程度上提高了流动人口的居住市民化水平;四川、重庆等地已逐步放开公共租赁房以及廉租房等,满足了乡—城流动人口的住房需求,一定程度上提高了住房的稳定性。聚类Ⅱ主要是黑龙江、吉林、辽宁、上海、浙江、福建等东北和东南地区,居住市民化水平为 0.687。实施振兴东北老工业基地战略以来,东北地区经济、社会、产业得到较快发展,乡—城流动人口工资收入水平有所提高。数据考察,东北地区乡—城流动人口工资收入比中部高 19.8%,比西部高 4.7%,较高的收入水平相应地带动居住条件改善。同样,上海、浙江等东南地区由于经济、产业等因素,乡—城流动人口就业机会多,收入有所保障,有利于提高居住市民化水平。聚类Ⅲ是北京、陕西、新疆、西藏等西北地区,居住市民化水平为 0.631。由于西部地区就业机会较少、经济收入水平较低、社会服务落后等原因,西部地区乡—城流动人口居住环境、居住条件相对较差。北京比较特殊,作为国家政治、经济、文化中心,经济、产业、社会服务、社会保障都各方面位于前列,然而,乡—城流动人口居住条件普遍较差。北京乡—城流动人口的住房 63% 是城中村中的房主自行搭建房屋以及农村地区的农房、廉租房(用工企业或雇主租赁,集中居住);19% 为地下室;商品房仅占 14%,其中,绝大多数为群租(张智,2010)。整体来看,人均住房面积不到 5 平方米,其中廉租房条件更差。乡—城流动人口居住条件、居住环境并没有受到北京得天独厚的优势资源正面影响,反而比较低,值得进一步分析研究背后的深层次原因。

(6) 依照基本社会公共服务市民化聚类。聚类结果显示,依照基本社会公共服务市民化水平对 31 个省(区、市)聚类结果与市民化综合水平聚类结果基本相同,基本上按照经济社会发展水平归类。类别Ⅰ除了四川、重庆两个西部省份外,主要是北京、上海、天津等东部经济社会发达地区。类别Ⅱ以山西、江西、安徽、湖北、湖南等中部地区为主;类别Ⅲ以甘肃、内蒙古、宁夏、云南等西部地区为主。相比之下,类别Ⅰ乡—城流动人口基本社会公共服务市民化平均水平为 0.459,高于类别Ⅱ、类别Ⅲ;类别Ⅱ次之,为 0.382;类别Ⅲ最低,为 0.329。三类基本社会公共服务市民化水平基本上是按照东、中、西顺序依次走低的,原因是社会保障供给能力以及社会保障政策呈现地区差异。数据考察，与西部比，东部的社会保障能力是其的1.42倍；中部是东部的66%（中国流动人口发展报告，2012），表明东部地区向流动人口提供的公共服务的能力较强。另外，广东、上海等东部地区政策环境、制度环境比较优越，自1992年开始的"蓝印户口"，经历2001年放开小城镇户籍、2006年放开中小城市和小城镇户籍，允许农民落户、2009年实施人口管理居住证制度，到2010年实施积分制落户政策均走在全国前列，户籍改革政策以及一系列配套的社会服务政策实施，逐渐赋予流动人口更多的本地城市户籍居民的经济社会权利，有利于实现基本社会公共服务均等化，进一步促进乡—城流动人口市民化水平。

值得注意的是，四川、重庆是西部地区，但基本社会公共服务市民化水平基本与经济社会较为发达的东部地区持平。原因是：近年来，这两个地区在发展城镇化过程中，将乡—城流动人口管理纳入城市社会经济发展规划中，成功地抓住了以提高市民化特别是医疗、住房、养老等社会保障市民化水平作为提高城镇化质量的突破口。成都地区实施以证管人，确保持证人享受同等的市民待遇，逐步实现流动人口与城市户籍人口基本社会公共服务均等化。主要举措有以下两个方面：一方面，雇佣单位与雇员须签订劳动合同，明确劳动关系；另一方面，覆盖基本医疗保险达90%。重庆的着力点在于通过土地换社保以及为中低收入流动人口开展大规模的公租房建设，促进了乡—城流动人口基本社会公共服务市民化水平的提高。

综上所述，分别以市民化综合水平、市民化意愿、市民化能力、市民化行为、居住市民化、基本社会公共服务市民化对31个省（区、市）聚类分析，结果显示，由于地区间社会、经济、产业、制度等方面发展的不平衡，导致乡—城流动人口市民化综合水平以及各维度指标均呈现地区差异。市民化综合水平、市民化能力、居住市民化、基本社会公共服务市民化水平大致按东、中、西依序递减（除个别省市外）；市民化意愿大致按东、西、中依序递减；市民化行为虽然也具有地区差异，但东、中、西差异并不明显，一方面可能是由于选取的指标未能充分反映市民化行为，另一方面可能是市民化行为与经济发展的关联程度较弱，更多的与人文方面的内容相关，当然这是一种可能性的猜测，需要进行经验研究。

聚类分析本质上是根据数据特征进行归类，因此对数据质量有较高要求。聚类结果主要反映的是各类别在数字上的聚合性，并不一定是对事实的完全反映，因此聚类结果从实际角度而言可能存在一定的不合理性，这是笔者无法克服的问题。

第四章 乡—城流动人口市民化指数测算

第三节 本章小结

以流动人口社会融合理论为基础,依据2011年流动人口动态监测数据库,围绕市民化意愿、市民化能力、市民化行为、居住市民化、基本社会公共服务市民化五维度、分设13个指标,选取40个基础变量,构建了衡量乡—城流动人口市民化程度的指标体系。结论如下:

第一,2011年,全国范围内的乡—城流动人口市民化水平为0.478,表明乡—城流动人口生存、发展、基本社会公共服务、居住等综合条件仅及城市市民的47.8%。分维度看,市民化意愿与居住市民化水平较高,分别为0.731、0.714;市民化行为、基本社会公共服务市民化水平偏低,分别为0.363、0.406;市民化能力为0.588。整体看,乡—城流动人口市民化水平处于较低层次,主要原因在于市民化行为和基本社会公共服务市民化水平较低所致,进一步分析,政治市民化、社会保障及就业服务水平较低是导致市民化综合水平较低的根本原因。

第二,分人口特征测算了乡—城流动人口市民化综合水平及五维度指标。

(1)男、女性乡—城流动人口市民化综合水平分别为0.475、0.482,男性低于女性0.07个点。分维度看,女性乡—城流动人口的市民化意愿、市民化能力、居住市民化、市民化行为、基本社会公共服务市民化指标分别为0.734、0.583、0.726、0.368、0.407,男性五维度平均水平依次为0.728、0.591、0.703、0.358、0.406。女性市民化意愿、市民化行为及居住市民化水平显著高于男性乡—城流动人口;在基本社会公共服务方面,性别差异不显著;在市民化能力方面,男性显著高于女性。

(2)第一、第二代乡—城流动人口市民化综合水平分别为0.489、0.469,第一代高于第二代0.02个点。分维度看,第一代乡—城流动人口市民化意愿、市民化能力、居住市民化、市民化行为、基本社会公共服务市民化水平分别为0.727、0.580、0.707、0.396、0.402,第二代五维度平均水平依次是0.469、0.735、0.599、0.719、0.323、0.409。在市民化行为方面,第一代显著高于第二代;其他四维度,第二代显著高于第一代。

(3)受教育年限为1年、6年、9年、12年、14年的市民化综合指数平均水平分别为0.450、0.459、0.471、0.499、0.532、0.563,表明随着受教育年限增加,乡—城流动人口市民化指数逐渐提高。从不同维度的市民化指数看，除了市民化意愿受到随着受教育年限的变化影响较小外，其他维度的市民化程度均随着受教育年限的增加而提高。

(4) 按照国家职业分类标准，将城市劳动力市场职业划分为 6 种类型。从事国家与社会管理者、办事及有关人员、专业技术人员、农林牧渔水利、生产运输人员、商业与服务人员的综合市民化指数分别为 0.575、0.546、0.509、0.485、0.476、0.474。

(5) 采用中国统计年鉴划分的行业标准，将行业类型划分为 14 种。从事农业、制造业、采掘业、建筑业、批发零售、住宿餐饮、社会服务、电煤水生产供应行业的乡—城流动人口，市民化综合水平在 0.5 及以下，依次为 0.488、0.490、0.499、0.447、0.470、0.450、0.479、0.500，从事金融保险、交通运输仓储通信业、卫生体育、教育广播、党政机关、科技服务业的乡—城流动人口，市民化指数在 0.5 以上，其中，从事党政机关和社会团体工作的市民化指数最高，为 0.575。

(6) 根据不同部门的垄断程度，将城市劳动力所属部门类型划分为 7 种，从事于土地承包者、集体企业、个体工商户、私营企业的乡—城流动人口综合市民化水平处于 0.3~0.5 之间，其中，个体工商户市民化综合水平最低，为 0.443；所属机关单位、国有企业、港澳及外资部门的乡—城流动人口市民化指数均在 0.5 以上，分别为 0.553、0.536、0.532。

第三，测算了不同地区乡—城流动人口市民化综合水平及相关维度指标并分别按照市民化综合水平及相应的五维度对 31 个省（区、市）进行了聚类分析。

(1) 从市民化综合指数看，北京、天津、山西、辽宁、上海、江苏、福建、山东、湖北、广东、广西市民化程度高于全国平均水平，其他省份的市民化程度均低于全国平均水平。市民化程度较高的前三个省市是上海、北京、广东，市民化综合水平分别为 0.543、0.531、0.514；市民化综合水平较低的前三个省市是西藏、湖南、云南，综合指数分别为 0.414、0.428、0.432。

(2) 采用 K-均值分类法，分别以市民化综合水平、市民化意愿、市民化能力、市民化行为、居住市民化、基本社会公共服务市民化进行聚类分析，结果显示，由于地区间社会、经济、产业、制度等方面发展的不平衡，导致乡—城流动人口市民化综合水平以及各维度指标均呈现地区差异。市民化综合水平、市民化能力、居住市民化、基本社会公共服务市民化水平大致按东、中、西依序递减（除个别省市外）；市民化意愿大致按东、西、中依序递减；市民化行为虽然也具有地区差异，但东、中、西差异并不明显。

第四章 乡—城流动人口市民化指数测算

市民化是一个系统工程，涉及人口、经济、产业、社会、制度、历史等方方面面，单纯依靠某一方面的优势无法从整体上有效提高市民化水平，因此，需全面分析影响市民化的因素，有针对性的制定对策方能有效提升市民化水平，从而达到提高城镇化质量这一最终目的。

第五章

影响乡—城流动人口市民化的因素分析

乡—城流动人口市民化水平测算结果显示，中国乡—城流动人口市民化水平不及城镇居民一半，并且市民化各维度进展很不平衡，省际间水平也存在明显差异。乡—城流动人口市民化的发展受到多方面因素的影响和制约，既有制度层面的原因也有非制度层面的，如经济、社会、地域、就业等，本章将对这些因素展开深入分析。

第一节 制度因素

毫无疑问，以户籍制度为基础的二元社会体制，是形成城镇化两阶段特有模式的根本原因，没有以户籍制度为基础的二元社会管理体制，乡—城流动人口市民化问题就无从谈起。即使随着改革开放的不断深化，对农村人口向城镇迁移的控制有所缓和，但是对农村人口流向到城镇后进一步向城镇居民转变的市民化进展却依然受到户籍制度等二元社会体制的极大阻碍和屏障。

一、中华人民共和国户籍制度发展历程

户籍制度理应是以人口登记、人口统计与管理为核心功能的社会管理制度，但是，在我国历史上，户籍制度也对人口活动行为进行制约，从而达到稳定社会的目的。中华人民共和国成立以来，户籍制度的内容与功能不断演变，大致经历了四个阶段（见表5-1）。

第五章 影响乡—城流动人口市民化的因素分析

表 5-1 户籍制度变迁历程

阶段	颁布的条例（规定、制度、意见）	主要内容	特点
1958 年以前	（1）1951 年 7 月公安部颁布《城市户口管理暂行条例》；（2）1953 年 4 月国务院发布《全国人口登记调查办法》；（3）1955 年 6 月国务院发出《关于建立经常户口登记制度的指示》，1956 年首次户口工作会议，明确户口基本功能	人口登记与统计，掌握全国人口及变动情况	人口自由流动，自由迁移
1958~1978 年	（1）1957 年 12 月中共中央、国务院联合发出《关于制止农村人口盲目外流的指示》；（2）1958 年 1 月，全国人民代表大会常务委员会批准《中华人民共和国户口登记条例》；（3）1961 年中共中央发出《关于减少城镇人口和压缩城镇粮销量的九条办法》，1962 年公安部《关于加强户口管理工作的意见》，1964 年 8 月国务院批转公安部《关于处理户口迁移规模的规定制》	履行以户为单位的户口登记，掌握人口变动情况；户籍迁移、人口流动纳入法制轨道，限制农村人口流动和迁移	限制乡—城人口流动与迁移达到顶峰，户口迁移受到严格控制
1978~2001 年	（1）1980 年 9 月公安部、粮食部以及国家人事局联合颁布《关于解决部分专业技术干部的农村家属迁往城镇由国家供应粮食问题规定》；（2）1984 年国务院颁发《国务院关于农民进入集镇落户问题的通知》；（3）1985 年 7 月，公安部出台《关于城镇暂住人口管理规定》；（4）1997 年国务院批转《关于小城镇户籍制度改革试点方案》；（5）1998 年国务院批转公安部《关于解放当前户口管理工作几个突出问题的意见》；（6）2001 年 3 月国务院批转公安部《关于推进小城镇户籍管理制度改革的意见》	户籍限制逐步放松，由允许农民自带口粮落户集镇，乡—城人口流动成为可能，发展到放宽农村户口迁移小城镇的条件，有稳定职业、收入，固定居住场所可落户小城镇，中等城市可根据具体情况进行户籍制度改革	半开放的人口流动与迁移，户籍制度改革开始起步
2002 年以来	（1）2004 年国务院颁发《关于进一步做好改善农民进城就业环境工作的通知》；（2）2010 年 5 月国务院转发国家发改委《关于 2010 年深化经济体制改革重点工作意见》；（3）2010 年 7 月重庆市出台《关于统筹城乡户籍制度改革意见》；（4）2010 年 11 月成都颁布《关于全域成都城乡统一户籍，实现居民自由迁徙的意见》；（5）2011 年 2 月国务院出台《关于积极稳妥推进户籍管理制度改革的通知》；（6）2013 年 2 月国务院出台《关于深化收入分配制度改革重点工作分工的通知》	推进大中城市户籍制度改革，放宽农民进城条件，逐步在全国范围内实行统一居住证制度	城乡一体化户籍制度改革构建，居民自由迁徙过渡阶段

资料来源：通过作者整理所得。

1. 人口自由流迁阶段（1958 年以前）

这一阶段的户籍制度的主要内容是着重人口登记与统计，以此掌握全国人口变动情况。根据《中华人民共和国宪法》规定的"中华人民共和国公民有居住和迁徙的自由"，在流迁方面，基本遵循个人自愿原则，允许城乡居民在城乡间或城镇间自由迁徙，一般不受限制。

2. 控制人口流迁阶段（1958~1978年）

这一阶段户籍制度功能除人口登记和管理基本功能外，还体现在限制功能和附属功能方面。限制功能主要是在户籍区分城市和农村户口以后，限制人口迁移和流动；附属功能主要体现在不同户籍身份赋予不同的社会经济福利。1958年全国人大常委会第91次会议通过的《中华人民共和国户口登记条例》将我国公民划分为农业户口和非农业户口的二元身份，其间出台了限制城镇企业农村招工以及城乡人口流动的相关规定[①]；1959年出台《关于制止农村劳动力流动的通知》、1963年以"是否吃商品粮"为标准划分农业和非农业户口实行二元户籍管理制度、1975年第二部宪法取消公民自由迁徙的规定以及1977年11月国务院正式提出严格控制"农转非"，对异地间户口迁移、人口流动实行严格控制，并以法规形式限制农村人口迁往城镇，标志着我国户籍制度开始由自由迁徙转向控制迁移流动，限制农民进城的二元户籍制度开始以立法形式正式确定下来，城乡二元分治体系正式形成。由此，因城乡户籍之分使得出生在城市和农村人的身份"先天性"不同，进而决定了不同的生存和成长环境。

3. 半开放人口流迁阶段（1978~2001年）

随着我国计划经济体制向市场经济体制的转型，这一阶段，户籍制度严格限制人口迁移流动的功能开始发生转变（段成荣、王文录、王太元，2008）。1984年国务院颁发的《国务院关于农民进入集镇落户问题的通知》[②]，允许农村人口在集镇落户，但前提是自带口粮。自此，严格限制城乡人口流动、限制户籍迁移的二元户籍管理制度开始松动。1997~2001年，国家陆续出台一系列相关文件和规定，国务院批转公安部《关于小城镇户籍制度改革试点方案》[③]以及《关于推进小城镇户籍制度改革意见》，旨在围绕小城镇作为户籍制度的突破口，标志着户籍制度步入了改革的正轨。这一时期，户籍承载的限制人口流迁功能日渐虚置，但是户籍背后所隐含的不同户籍身份在就业、社会福利、社会保障等方面不平等的待遇随着流迁人口规模增大更加凸显。

[①]《中华人民共和国户口登记条例》规定："公民由农村迁往城市，必须持有劳动部门的录用证明，学校的录取证明，或者户口登记机关的准予迁入证明，向常住户口登记机关申请办理迁出手续"。

[②]《国务院关于农民进入集镇落户问题的通知》规定："凡申请到集镇务工、经商、办服务业，或在乡镇企事业单位长期务工的农民和亲属，准予自理口粮落户集镇"。

[③]《关于小城镇户籍制度改革试点方案》规定："有稳定工作或生活来源，有合法固定居所，住满一定年限，或投资，或购买一定价值商品房等，均可以办理小城镇常住户口"。

第五章 影响乡—城流动人口市民化的因素分析

4. 人口流迁社会融合阶段（2002 年以来）

这一阶段是人口流迁全面开放的过渡阶段。大中城市以不同方式进行户籍制度改革，逐渐实现城乡一体化户籍管理。2004 年，国务院办公厅颁发《关于进一步做好改善农民进城就业环境工作的通知》，要求推进大中城市户籍制度改革，放宽农民进城落户条件。2009 年召开的中央经济工作会议，指出推进城镇化的重要任务是解决符合条件的农业转移人口在城镇就业和落户问题。随后，2010 年国务院批转国家发展和改革委员会《关于 2010 年深化经济体制改革重点工作意见的通知》（以下简称《通知》）①，《通知》提出在全国范围内实现居住证制度。2012 年，《国务院办公厅关于积极稳妥推进户籍管理制度改革的通知》《国家基本公共服务体系"十二五"规划》以及党的十八大报告中均明确提出继续推进户籍制度的改革，重点放在居住证制度以及剥离与户籍相关联的基本社会公共服务制度。2013 年 2 月国务院发布《关于深化收入分配制度改革重点工作分工的通知》提出："制定公开透明的各类城市农业转移人口落户政策，探索建立政府、企业、个人共同参与的市民化成本分担机制，把有稳定劳动关系、在城镇居住一定年限并按规定参加社会保险的农业转移人口逐步转为城镇居民，重点推进解决举家迁徙及新生代农民工落户问题。实施全国统一的居住证制度，努力实现城镇基本公共服务常住人口全覆盖。"这一阶段将户籍改革与市民化联系在一起，已经触及户籍附加的各种福利制度，标志着户改政策以及相关制度设计迈上新台阶。

截至目前，上海、广东、北京、深圳、珠海、成都、重庆、天津、沈阳等大中城市积极探索户籍制度改革，实施居住证制度是具有代表性的模式之一。但是，从申请办理居住证的条件来看存在诸多局限：其一，户籍准入对象有局限：大中城市只处在投资移民、技术移民和婚嫁移民阶段上，而不允许就业多年的乡—城流动人口（包括熟练工人、从农民工成长起来的技术管理人员等）迁移定居，与真正立足于自由迁移的户籍制度改革背道而驰。例如，对进城就业农民迁移城镇条件中的学历、技术职称、居住场所等都有明确的限制，抬高了乡—城流动人口进城的门槛。其二，改革的区域范围有局限性。户籍改革的区域范围只是以小城镇，小城市为重心，居住大规模流迁人口的大中城市仍是局部范围的改革，并不是全国性的制度改革。其三，改革内容不深刻。户籍制度背后的基本社会公共服务不平等是户改的最终目的。然而，目前的改革只限

---

① 《通知》提出："深化户籍制度改革，加快落实放宽中小城市、小城镇特别是县城和中心镇落户条件的政策。进一步完善暂住人口登记制度，逐步在全国范围内实行居住证制度。"

于基本社会公共服务的一个或几个方面，改革目标局限于表面，对于城市低保、经适房、养老保障等仍无法享受。因此，户籍制度改革的不彻底性使他们不能顺利完成市民化阶段，影响城镇化发展的质量（见表5-2）。

表5-2　　　　　　　　部分大中城市申领居住证条件

省市	符合条件之一可办理居住证
上海	(1) 本科及以上学历；(2) 所在聘用公司在上海注册且注册资金100万元以上
北京	(1) 具有两年以上工作经历且具有本科及以上学历；(2) 具有中级以上专业技术职称；对首都社会经济发展做出特殊贡献或特殊行业紧缺人才
天津	(1) 本科级以上学历或中级及以上专业技术职称；(2) 获国家专利并被我市企业采用的；(3) 用人单位紧缺、在某一行业具有特殊技能，经人事局组织有关部门或行业协会公开认证的
沈阳	(1) 具有本科及以上学历或中级以上职称人员；(2) 具有普通大专院校学历且属于紧缺专业人员；(3) 沈阳市高新技术企业需要，具有普通院校中专学历且属于年度紧缺专业人员；(4) 具有高级以上职业资格证书的技能型人员；(5) 对沈阳经济和社会发展做出突出贡献的特殊领域、特殊行业的急需人才
深圳	(1) 在深圳市从业，包括就业（含家政服务）、投资兴办企业或者其他经济组织；(2) 在深圳市拥有所居住房屋的产权；(3) 在深圳市创业并具备相应的技术或者资金条件或者在深圳从事文化艺术创造；(4) 市政府规定的其他情形
成都	(1) 合法固定的居住场所或租用统一规划的出租房且居住1年以上；(2) 稳定的职业

资料来源：http://www.hudong.com/wiki，通过整理所得。

二、户籍管理制度对乡—城流动人口市民化的影响路径分析

农村人口进入城市需要冲破横亘在城乡间的显性户籍制度阻隔，进一步成为市民需要冲破隐形户籍制度的障碍（见图5-1）。自改革开放以来，工业化、城镇化的快速发展对显性户籍制度形成了冲击，农民进城务工机会逐渐增多，户籍制度阻碍乡—城人口流动的作用逐渐削弱（刘传江，2009）。就目前来看，隐形户籍制度已经成为乡—城流动人口市民化的主要障碍。因此本章主要分析隐形户籍制度对乡—城流动人口市民化的影响。

1. 户籍制度对基本公共服务市民化的影响

隐形户籍制度主要是在显性户籍制度基础上形成的对乡—城流动人口不平等待遇与权力剥夺的种种相关制度安排。正是由于隐形户籍制度的存在，导致乡—城流动人口与城市市民获得截然不同的公共服务供给保障，乡—城流动人

第五章 影响乡—城流动人口市民化的因素分析

口被排斥在社会体制外,很难获得体制内公共资源,体现在子女教育及自身培训机会缺失、住房无保障、医疗无保障、劳动合同无保障等方面,反映了乡—城流动人口不能与城市户籍人口享有同等福利和待遇。数据考察,与城市户籍人口相比,乡—城流动人口在享有养老、医疗、失业保险方面受到的歧视分别有31%、26%、21%归因于户籍歧视,并且社会保险享有率平均均降低了近12个百分点;工会参与的差异上,户籍歧视解释了19%(姚先国、赖普青,2004)。由此表明,户籍制度黏附的各种经济福利制度安排二元化是制约乡—城流动人口基本公共服务市民化的主要"瓶颈"。城市社会保障基本上只限于城镇户籍人口,很多城市对乡—城流动人口社会保障只限于纸上谈兵,与乡—城流动人口社会保障的实际需求相距甚远。

2. 户籍制度对市民化能力的影响

市民化能力是指乡—城流动人口在城市生存、生活的能力,由他们在城市的生存资本即人力资本、社会资本、经济获得决定。户籍改革制度缓慢削弱了他们在城市生活生存的能力,体现在三个方面:一是二元户籍管理制度降低了就业选择的机会,造成乡—城流动人口只能从事非正规就业,从而降低了实际收入水平。多数乡—城流动人口从事劳动强度大、工作环境脏、乱、险的工种,小时工资率不及城市户籍人口的一半,受到明显户籍歧视。根据蔡继明(1998)、姚先国(2004)等人的研究,城市工与乡—城流动人口工资收入差异的20%~30%是户籍制度差异造成的。二是二元分割的户籍制度减少了乡—城流动人口获得受教育、技能培训的机会,阻碍人力资本提升。三是长期的城乡分割以及二元福利体制形成的乡—城流动人口社会心理认同与城市市民的自我优越感形成的社会排斥一定程度上限制了乡—城流动人口的社会关系网络的拓展。一方面,受人力资本、社会地位等因素影响,乡—城流动人口社会资本主要局限于"亲缘、血缘、地缘"交织的社会关系网中;另一方面,城市市民对乡—城流动人口"污名化"较为普遍,进一步阻塞乡—城流动人口与市民的接触通道,限制社会资源的积累和拓展。

农民 ⟹ 显性户籍制度 ⟹ 乡—城流动人口 ⟹ 隐形户籍制度 { 就业保障 / 教育保障 / 住房保障 / 社会保障 } ⟹ 市民

图 5-1 户籍制度影响市民化的路径

3. 户籍制度对市民化行为的影响

尽管全国都在尝试各种途径进行户籍改革，甚至一些城市取消了农业户口和非农业户口的名称，但是，并没有彻底改变附加在户口上的不平等的社会福利和社会保障制度，户籍背后的黏附权益始终存在，乡—城流动人口的政治地位、社会文化地位仍居于社会中下层水平，直接影响乡—城流动人口市民化行为的实现，体现在两个方面：一方面，政治参与边缘化。相关研究与经验事实表明，乡—城流动人口政治参与具有户籍地属性。乡—城流动人口的户籍所在地在农村，村委会选举是政治参与的主要途径，但是，长期流居的城市并不是户籍所在地，因此，由于时空的阻隔无法行使法律赋予的政治权利（孙中民，2007）从而导致乡—城流动人口的政治参与长期处于边缘化的困境。政治参与作为一个公民的基本权利是不应因社会地位、户籍制度、文化差别、经济收入而被区别对待。通过数据考察，79.11%的乡—城流动人口没有选举权与被选举权，极少参加党团活动。经济基础决定上层建筑，乡—城流动人口经济收入低微，劳动强度大等特点决定没有更多的时间和精力参与政治活动。维巴和尼指出，社会经济地位比较高的人有较强的政治责任感和政治功效感（陶东明、陈明明，1998）。经济地位低的人对政治参与行为的影响力较低进而失去政治参与的热情和积极性。乡—城流动人口本身的"流动"状态形成一种"过客"的心理缺乏归属感和责任感，进而忽视甚至漠视政治参与。无论是收入低还是本身处于"流动"的状态，都反映出一个基本的事实：二元户籍制度下，针对乡—城流动人口的社会服务政策的缺失、政府服务职能的空白是导致乡—城流动人口难以融入当地的政治生活的主要原因。另一方面，文化活动边缘化。按照美国心理学家马斯洛的需要层次理论（Abraham h. Maslow），乡—城流动人口市民化的层次应该是依次更替，顺序推进的，即首先满足人的最基本的吃、穿、住的生存保障需求；其次是安全需求，即有经济保障、职业保障、社会保障、退休金等；最后依次是社会需求、尊重需求、自我实现需求。由于户籍分割的管理制度以及受教育水平等综合因素的影响，导致多一半的乡—城流动人口的需求层次仅停留在第二层次，追逐安全需求即寻求就业保障、经济保障，以及社会保障等。因而，主观上，乡—城流动人口对于文化、公益活动参与积极性不高。

4. 户籍制度对居住市民化的影响

居住市民化主要是指乡—城流动人口的住房位置、住房环境、设施条件，以及在享有城市政府提供的保障性住房等待遇方面的市民化程度。其中住房位置、设施条件、住房环境等直接受乡—城流动人口收入水平影响，而是否享有保障性住房待遇与宏观经济体制改革和相关制度创新有关。保障性住房是政府为中低收入住房困难家庭提供的限定标准、限定价格或租金的住房。由于户籍制度及其黏附的相关制度安排限制，在社会分配体系中，被延伸为"体制内"与"体制外"的差别，政府提供的保障房与廉租房主要是针对"体制内"的低收入群体，"体制外"的乡—城流动人口只有0.16%，并且多以群租为主，人均住房面积不到3平方米，不及城市居民人均住房面积的10%。因此，受经济收入和户籍管理制度双重限制，乡—城流动人口无力改善居住条件，即使满足低收入群体的限制条件，也无法享有城市提供的住房保障。

5. 户籍制度对市民化意愿的影响

市民化意愿指数平均水平为0.731，表明乡—城流动人口尤其是新生代更愿意居住在城市并成为市民。他们中大部分是农村中年龄较轻、有文化、有理想、追求上进的青年人。然而，在户籍改革不到位和其他配套制度不完善的情况下，乡—城流动人口依然被排斥在社会体制外，无法分享经济社会发展带来的成果，无法与城市户籍人口同工同酬，享有同等的公民待遇，这种不公平的待遇直接导致乡—城流动人口产生抵触、不满情绪，甚至导致犯罪行为发生。另外，从某种意义上来说，户籍制度无形中铸成分割城乡的"户籍墙"，将原本处于同一社会体制内的群体一分为二，必然导致处于体制内和体制外群体的社会认同心理。城市市民与乡—城流动人口享有不同的权利和待遇，市民在心理上自然地形成很强的优越感，因此可能产生对乡—城流动人口心理或行为上的排斥，这在相当程度上不仅影响市民的社会接纳，而且影响了乡—城流动人口市民化意愿的积极性。数据考察，85%的市民认为本地发展和外来人口的贡献有关系，然而，当被问到"是否同意外地人成为本地人"时，34%的市民持"不同意"态度。换言之，部分市民只是接纳乡—城流动人口作为城市建设的劳动力，而不能接纳其作为经济发展成果分享者的角色。

第二节 影响市民化非制度因素分析

乡—城流动人口市民化不仅受到制度因素的制约，同时，还受到一些非制度因素的影响。本节主要分六个部分，分别以市民化综合水平、市民化意愿、市民化能力、市民化行为、居住市民化、基本公共服务市民化为因变量，从人口、经济、就业、主观意愿角度对影响市民化的因素进行较为全面的分析。

一、影响市民化综合指数的因素分析

(一) 变量选择

1. 因变量

将上面的市民化综合水平划分的四层次即 0~0.3、0.3~0.5、0.5~0.7、0.7~1 依序定量为 1，2，3，4 作为因变量。较大值代表较高类别，因此从模型设定来说，采用 ologit 模型比二值响应模型或者普通的多项式模型更能充分利用数据中的信息。为了分析影响乡—城流动人口市民化因素，进一步明确其作用大小和影响程度，采用嵌套多因素法引入变量。

2. 自变量

为了较为全面的分析市民化的影响因素，分为四个步骤：第一，考虑人口学因素，包括性别、婚姻、代际、教育水平、户籍所在地、居住地、居住时间、流动范围等因素；第二，控制人口变量后，考虑经济条件，包括回寄收入、月收入、恩格尔系数等对市民化的影响；第三，控制了人口、经济因素后，分析就业状况对市民化程度的独立影响，包括工作强度、从事行业、职业、所属单位性质等因素；第四，控制人口、经济、就业变量，单独考虑乡—城流动人口的幸福感以及户籍迁入意愿对市民化程度的影响。

(二) 研究方法

有序响应模型 (ordered dependent variable model) 由 Aitcheson 和 Silvey (1957) 提出，有序响应模型也是二元离散选择模型的拓展。有序响应模型中被解释变量 y_i 的观测值表示等级分类，选项是有顺序的，所以称为有序响应模型。

设 y_i 表示在 $\{1, 2, \cdots, m\}$ 取值的有序响应，根据 Jeffrey M. Wooldridge (2003) 的计量经济学教材，y_i 的有序响应 ologit 模型可以从潜变量 y_i^* 模型中推导出来。

假设隐变量 y_i^* 与若干解释变量 X_i 呈线性关系：

$$y_i^* = X_i'\beta + u^t, \quad u^t \sim \amalg D(0, \sigma^2) \qquad (5-1)$$

其中，X_i 里不包括截距项，y 为因变量，在 $[1, 2, 3, \cdots, m]$ 上取值；X 影响因子；β 为 X 的系数，是待估计参数；μ 表示残差项，服从 Logistics 分布。

第五章 影响乡—城流动人口市民化的因素分析

如果 y_i 存在 m 种选择，则被解释变量 y_i 与 y_i^* 存在如下关系：

$$y_i = \begin{cases} 1, & y_i^* \leqslant \gamma_1 \\ 2, & \gamma_1 < y_i^* \leqslant \gamma_2 \\ 3, & \gamma_2 < y_i^* \leqslant \gamma_3 \\ \cdots & \cdots \\ m, & \gamma_{m-1} < y_i^* \end{cases} \quad (5-2)$$

其中，γ_j，$j = 1, 2, \cdots, m-1$ 称作门限值或阈值。y_i，$i = 1, 2, \cdots, m$ 表示被解释变量分类。有序响应模型的设定满足如果 $y_i < y_j$，则意味着 $y_i^* < y_j^*$。

式（5-2）的一般表达式是：

$$y_i = j, \text{若} \gamma_{j-1} \leqslant y_j^* \leqslant \gamma_j, j = 1,2,\cdots,m, \gamma_0 = -\infty, \gamma_m = \infty \quad (5-3)$$

根据式（5-3）有：$p(y_i = j) = p(\gamma_{j-1} \leqslant y_j^* \leqslant \gamma_j)$

依据式（5-1），$p(y_i = j) = p(\gamma_{j-1} \leqslant X_i'\beta + \mu_t \leqslant \gamma_j) = p(\gamma_{j-1} - X_i'\beta \leqslant \mu_t \leqslant \gamma_j - X_i'\beta)$

$= F(\gamma_j - X_i'\beta) - F(\gamma_{j-1} - X_i'\beta)$

其中，$F(\cdot)$ 表示式（5-1）中 μ_t 的累积概率分布函数。有序响应变量的条件概率是：

$$\begin{cases} p(y_i = 1 \mid X_i, \beta, \gamma) = p(y_i^* \leqslant \gamma_1 \mid X_i, \beta, \gamma) = F(\gamma_1 - X_i'\beta) \\ p(y_i = 2 \mid X_i, \beta, \gamma) = p(\gamma_1 < y_i^* \leqslant \gamma_2 \mid X_i, \beta, \gamma) = F(\gamma_2 - X_i'\beta) - F(\gamma_1 - X_i'\beta) \\ p(y_i = 3 \mid X_i, \beta, \gamma) = p(\gamma_2 < y_i^* \leqslant \gamma_3 \mid X_i, \beta, \gamma) = F(\gamma_3 - X_i'\beta) - F(\gamma_2 - X_i'\beta) \\ \vdots \\ p(y_i = m \mid X_i, \beta, \gamma) = 1 - p(y_i^* \leqslant \gamma_{m-1} \mid X_i, \beta, \gamma) = 1 - F(\gamma_{m-1} - X_i'\beta) \end{cases}$$

$$(5-4)$$

有序响应模型中，阈值 γ 和参数 β 是通过对对数似然函数求极大同时估计出来的。对数似然函数是：

$$\log L(\beta, \gamma) = \sum_{i=1}^{N} \sum_{j=1}^{m} \log[p(y_i = j \mid X_i, \beta, \gamma)] D(y_i = j)$$

其中，$D(y_i = j)$ 是指示函数，当 $y_i = j$，$j = 1, 2, \cdots, m$ 为真时，$D(y_i = j) = 1$，当 $y_i = j$，$j = 1, 2, \cdots, m$ 为不真时，$D(y_i = j) = 0$。

(三) 研究发现

采用嵌套多因素回归方法，对四个层次的变量运用分步逐个加进的办法，这样得到以下四个回归模型。总的来看，所有模型在统计上都是显著的，且随着变量增加模型的解释力不断增强（见表5-3）。

表5-3　　　　　　　　　影响市民化综合水平因素模拟结果

	变量名	模型一	模型二	模型三	模型四
人口学因素	性别（男=1）	-0.147*** (0.020)	-0.145*** (0.020)	-0.102*** (0.028)	-0.073** (0.035)
	代际（第一代=1）	0.092*** (0.024)	0.087*** (0.024)	0.061* (0.032)	0.013 (0.039)
	流动家庭规模	0.436*** (0.010)	0.418*** (0.011)	0.504*** (0.014)	0.760*** (0.018)
	受教育年限	0.194*** (0.005)	0.188*** (0.005)	0.141*** (0.006)	0.225*** (0.007)
	在婚	0.234*** (0.027)	0.184*** (0.027)	0.177*** (0.036)	0.465*** (0.044)
	回老家次数	0.046*** (0.006)	0.045*** (0.006)	0.004 (0.007)	0.066*** (0.009)
	户籍地（西部=1）	-0.288*** (0.028)	-0.288*** (0.028)	-0.290*** (0.039)	-0.163*** (0.047)
	户籍地（中部=1）	-0.180*** (0.026)	-0.185*** (0.026)	-0.113*** (0.036)	-0.222*** (0.044)
	居住地（东部=1）	0.499*** (0.022)	0.460*** (0.022)	0.400*** (0.031)	0.324*** (0.038)
	流动范围（跨省市=1）	0.230*** (0.029)	0.212*** (0.029)	0.272*** (0.034)	0.149*** (0.042)
	居住时间	0.137*** (0.002)	0.136*** (0.002)	0.128*** (0.003)	0.163*** (0.004)
经济因素	回寄收入		0.000* (0.000)	-0.000 (0.000)	-0.000 (0.000)
	月工资收入		0.000*** (0.000)	0.000*** (0.000)	0.000*** (0.000)
	恩格尔系数		-0.178*** (0.054)	-0.141** (0.070)	-0.238*** (0.086)

第五章 影响乡—城流动人口市民化的因素分析

续表

	变量名	模型一	模型二	模型三	模型四
就业因素	职业培训（接受=1）			0.922 *** (0.028)	1.401 *** (0.037)
	周工作天数			-0.298 *** (0.015)	-0.433 *** (0.019)
	每天工作小时数			-0.042 *** (0.008)	-0.093 *** (0.010)
	制造业	参照：高端服务业		-0.256 *** (0.038)	-0.321 *** (0.047)
	低端服务业			-0.282 *** 0.0415	-0.500 *** 0.0518
	国有性质	参照：合资外资企业		0.571 *** (0.052)	0.580 *** (0.064)
	私营性质			-0.082 * (0.043)	-0.174 *** (0.053)
	技术人员			0.102 * (0.059)	0.200 *** (0.072)
	商业与服务人员	参照：农业生产者		0.068 (0.047)	-0.006 (0.058)
	生产运输等人员			-0.020 (0.047)	-0.102 * (0.058)
主观意愿	幸福感				0.256 *** (0.045)
	户籍迁入意愿（愿意迁入=1）				4.388 *** (0.045)
限制区间	Cut1	-0.511 *** (0.066)	-0.585 *** (0.072)	-3.070 *** (0.155)	-2.769 *** (0.193)
	Cut2	3.608 *** (0.066)	3.537 *** (0.073)	1.331 *** (0.153)	3.696 *** (0.194)
	Cut3	6.949 *** (0.074)	6.894 *** (0.080)	4.945 *** (0.158)	9.561 *** (0.208)
	Pseudo R^2	0.119	0.121	0.209	0.474
	LR chi2	12 065.98	12 393.18	12 569.20	18 385.01
	Prob > chi2	0.000	0.000	0.000	0.000

注：居住地在西部，国家社会管理者职业，办事及有关人员职业变量由于多重共线性剔除；括号里为标准差；*** $p<0.01$，** $p<0.05$，* $p<0.1$ 表示显著性；LRchi2 是指回归模型无效假设（所有协变量发生比为 1）对应的似然比检验量；prob > chi2 表示似然比检验结果；伪 R^2 提供了描述或比较对同一因变量的不同模型的拟合情况一种方式，但是缺乏 OLS 真 R^2 的方差解释意义，因此不是模型的主要参数。

1. 模型一

模型一只考虑了人口学变量对市民化综合水平的影响，统计结果表明人口学特征变量对市民化综合水平的影响均有显著性，但影响作用较为复杂。

从性别变量的影响看，相对于男性，女性乡—城流动人口的市民化综合水平提高的可能性更大。可能的原因主要有三个方面：其一，随着女性受教育水平程度提高以及男女平等的观念深入人心，以往"男主外女主内"的观念被打破，女性从以相夫教子为己任转变成注重自我发展、经济独立、主动参与社会活动的新角色。调查数据显示，女性乡—城流动人口在婚比重为80.95%，其中就业的占比为71.52%，操持家务占比24.73%；其二，女性比较感性，憧憬美好的生活，尤其是年轻的女性容易受到都市现代化生活方式、现代文明所吸引，在思想、行为、消费方式、社会参与等方面中追求尽可能接近市民；其三，在早期的人口流动中，女性多为留守，分散的家庭模式导致女性在后期流动中更注重家庭团圆、家庭稳定，因而，无论从意愿还是表现行为上都更有助于提高市民化水平。

从代际变量的影响看，回归结果显示，其他变量不变的前提下，相对于第二代，第一代乡—城流动人口市民化是较为容易实现的群体。一方面，第一代乡城流动人口能够留居在城市时间比较长，是通过克服各种压力、各种挑战筛选，并有能力留居在城市，因而实现市民化概率较大；另一方面，相对于第二代，第一代在市民化行为方面可能更接近于城市本地市民，从而导致第一代乡城流动人口实现市民化的概率较大。

从家庭因素看，回归结果显示，在其他因素不变的前提下，流动家庭规模越大，实现市民化的可能性越大。家庭化流动能够使乡—城流动人口像市民一样在城市生活获得情感支持，同时分散经济和社会风险，有利于市民化行为的实现。数据考察，单独流动的市民化平均水平为0.433，与家庭化流动相比低0.073个点。此外，在婚的、回老家次数与市民化的影响呈正向的影响关系，表明在婚实现市民化的可能性大于单身的流动人口，回老家次数越多，实现市民化的概率越大。

从受教育变量看，回归结果显示，在其他条件不变的情况下，受教育年限越长，人力资本水平越高，实现市民化概率就越高。受教育水平反映了乡—城流动人口的市民化能力。一方面，受教育水平较高的乡—城流动人口，更容易进入收入水平较高的行业或部门或者从事较高层次的工种，从而经济获得能力、消费水平接近市民平均水平。数据考察，乡—城流动人口进入国有部门工作的，初中学历占6.13%、高中学历占6.85%、中专学历占8.34%、大专学

第五章 影响乡—城流动人口市民化的因素分析

历占 11.26%、大学学历占 20.65%；从小时工资率看，初中学历的乡—城流动人口小时工资率为 4.28 元、高中、中专、大专、大学依次上升，分别为 5.10 元、7.18 元、8.97 元、12.74 元（见图 5-2）。另一方面，人力资本水平较高，与当地市民的社会融合比较容易。因此，受教育水平与市民化综合水平存在正向影响关系。

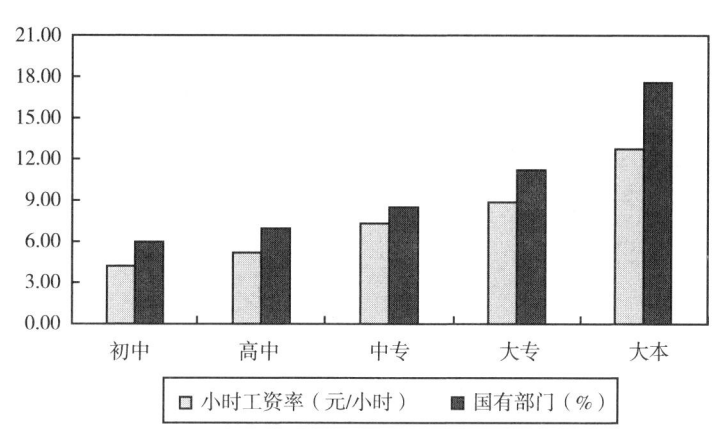

图 5-2 不同受教育水平小时工资率及进入国有部门的比例

从户籍地来看，回归结果显示，相对于户籍地东部，户籍地中部和西部的乡—城流动人口实现市民化比较难；对于居住地来说，东部比中部较容易实现市民化。区域间的乡—城流动人口市民化水平差异与经济社会发展不平衡有着极为密切的关系。地方经济发展水平决定公共财政投入从而影响到各省社会保障、社会公共服务的投入力度。从社会经济均衡发展的角度来看，东部经济发展水平高于中部、中部高于西部的格局相当大程度上决定了东、中、西部地区义务教育、公共卫生、公共文化、公共安全和社会保障方面等仍呈现出东部高于中部、中部高于西部的格局。因而，东部地区户籍人口的人力资本具有比较优势，实现市民化相对容易。同样，由于东部地区经济发达、产业布局合理、就业机会多、社会保障及社会服务政策较为健全、制度设计较为灵活，居住地东部的乡—城流动人口实现市民化的可能性相对中西部要大。

从流动范围看，回归结果显示，流动半径越大（相对于市内跨县），市民化水平越高。数据考察，2011 年，跨省、市流动的乡—城流动人口占比 82.6%，并且主要流向经济发达的大中城市。原因在于，相比小城镇、小城市，大中城市经济社会发展水平较高，工业化程度高，企业规模大，可提供的就业机会多，就业环境以及待遇比较高，从而增大市民化水平提高的机会。

从居住时间的影响看，回归结果显示，其他变量不变的条件下，居住时间越长，实现市民化的可能性越大。居住时间越长，越习惯城市的生存方式，居住条件得以改善，积累的社会资源、社会关系越广，更有利于实现与当地人的社会融合。

2. 模型二

在模型一的基础上追加了经济变量，目的是考察收入水平、生活条件对市民化有无影响。统计结果表明，经济变量对市民化综合水平有显著影响。

回归结果显示，无论是回寄收入还是月工资收入水平的回归系数都为正值，表明在其他因素不变的前提下，经济收入水平与乡—城流动人口市民化程度呈现正向的影响关系。收入水平反映了在城市的生存能力，收入水平越高，市民化能力越强，主要体现在两个方面：一方面，城市生活面临各种各样的风险、意外，较高的收入水平可以抵御和防止风险；另一方面，较高的收入水平，可以通过参加各种专业技能培训、职称评定提升人力资本，同时有利于改善居住条件、生活水平更接近城市市民。

回归结果显示，恩格尔系数的回归系数为 -0.178，表明在其他条件不变的情况下，恩格尔系数越大，实现市民化的概率越低。恩格尔系数（Engel's Coefficient）是食品支出总额占个人消费支出总额的比重。国际上，用来衡量居民生活水平高低的一项重要指标，一般随居民家庭收入和生活水平的提高而下降。恩格尔系数越大，意味着乡—城流动人口的总消费支出中用于食品支出的比重越大，用于通信、文化、教育、娱乐、保健、卫生、社会保障等支出越小，导致较低的生活质量、生活水平，难以实现市民化。

3. 模型三

模型三在模型二的基础上考察与就业相关变量对市民化水平的影响。统计结果表明，考察的就业变量中，除了商业与服务人员、生产与运输人员不显著外，其余均有显著性。

从是否接受培训的变量看，回归结果显示，在其他条件不变的情况下，接受职业技能培训的乡—城流动人口有利于实现市民化。首先，接受职业培训，有助于提升劳动技能，增强就业能力，有利于实现市民化；其次，职业培训本身是企业或政府为劳动者提供的就业服务，由于户籍身份的限制，职业技能培训只针对正规劳动力市场，处于非正规劳动力市场的乡—城流动人口无法享有接受培训的权益，因此，接受培训本身就是市民化的一种体现。

从工作强度的特征变量看，回归结果显示，其他变量不变的条件下，周工

第五章 影响乡—城流动人口市民化的因素分析

作天数与日工作小时数的回归系数均为负值,表明工作强度越大,越不利于市民化水平的提高。数据考察,乡—城流动人口平均周工作 55 小时,严重超过《劳动法》规定的周法定工作时间 44 小时。一方面,超长强度工作,剥夺了劳动者正常的休息休假权,同时不利于心理健康,容易产生差别的社会心理认同感,不利于与当地市民实现社会融合;另一方面,大部分时间用于工作,减少了乡—城流动人口与城市市民增进了解的时间和空间,延缓融合速度,不利于市民化的实现。近年来,虽然学术界、政府、媒体等都在极力地呼吁保障乡—城流动人口的劳动合法权益,但是,由于城乡分割的二元结构以及乡—城流动人口的弱势地位,超强度工作现象仍然普遍存在。

从行业变量看,回归结果显示,在其他变量不变的条件下,从事高端服务业比从事制造业更有利于实现市民化。主要原因可能有以下两点:其一,高端服务业从业人员受教育年限、收入水平高于制造业,劳动强度低于制造业。t 统计检验结果表明,高端服务业从业人员受教育年限、收入水平显著高于制造业。从受教育年限看,制造业中乡—城流动人口平均受教育年限为 8.94 年,从事高端服务业平均受教育年限为 10.37 年;从周工作时间看,制造业的从业乡—城流动人口平均每周工作 56.4 小时,高端服务业乡—城流动人口平均每周工作 51.56 小时;从收入状况看,制造业月平均收入水平 3 702 元,高端服务业为 4 035 元。其二,由于行业本身的特点决定,高端服务行业如保险、金融、卫生、科研、教育、党政机关等属于国家管控,大多受到国家保护,属于正规劳动力市场,享有正规的社会福利待遇、社会保障、劳动保障等。因此,从事高端服务行业的乡—城流动人口更接近于市民(见表 5 – 4)。

表 5 – 4　　　　分行业周工作小时、月收入、受教育年限及统计检验

指标	每周工作小时(小时)	月收入(元)	受教育年限(年)
制造业	56.4	3 702	8.94
高端服务业	51.56	4 035	10.37
t 值	23.724	-7.185	-44.445
Pr（|T|<|t|）	0.000	0.000	0.000

从单位性质看,回归结果显示,在其他变量不变的条件下,对照外资企业,国有单位从业的乡—城流动人口实现市民化的概率较高,私营单位工作

的乡—城流动人口实现市民化概率反而较低。可能的原因有以下几点：其一，国有的企事业部门属于受国家保护的产业部门，掌握国家的主要经济资源，投资力度、投资收益大于其他部门，属于正规就业部门，社会保障覆盖率已达96%，集体企业为53%。大多数私营企业社会保障覆盖范围狭窄。其二，国有单位不但有正常周末、节假日，劳动强度不高，同时，人均总收入、福利水平远高于其他部门。国家统计局统计报告显示，2010年，国家控制的电力、燃气及水的生产和供应业、信息传输、计算机服务和软件业、金融业人均收入分别为4.83万元、6.66万元和8.08万元。而在这三个行业中的私营单位，其2010年的人均年收入只有1.88万元、3.12万元和3.05万元。同样的行业，由于所有制的不同，收入差距为2.13~2.65倍。因此，无论从收入、社会保障还是劳动强度，从事国有单位工作更有利于实现市民化。

从职业类型看，在其他变量不变的前提下，技术人员的职业更有利于实现市民化，其他职业类型变量不显著。这与我们当前劳动力市场人才需求结构有密切关系，随着工业化发展以及产业转型升级速度加快，劳动力市场中具备一定操作技能的并在实践中熟练运用的技术人员供不应求的趋势渐显。各地政府和企业为吸引技能型人才出台安居落户、提高工资福利待遇、企业缴纳社会保险、安排子女教育等一系列社会服务与保障政策，为技术人员市民化提供了保护伞。另外，技能型劳动者综合素质比较高，容易取得社会心理认同，从事的工作单位比较正规，享有的工资福利待遇、社会保障接近于市民，实现市民化的可能性较大。

4. 模型四

在模型三的基础上考察了主观心理和意愿变量，统计结果显示，控制其他变量不变的条件下，幸福感越强，市民化程度越高；愿意迁入户籍的乡—城流动人口实现市民化可能性越大。幸福感是社会心理学概念，测量人们社会心理的一种感受，当人们在工作和生活中的付出与劳动得到他们应当得到的补偿、回报、尊重，自然会在心理上产生对公平和满足的感受，逐渐地产生幸福感。因此，乡—城流动人口对城市生活、社会文化、社会服务与保障等方面满意度越高，幸福感越强，实现市民化的可能性就越大。愿意迁入户籍的行为有利于实现市民化，一方面，体现了乡—城流动人口向往城市生活、愿意留居城市的强烈愿望；另一方面，迁入户籍是乡—城流动人口经过了谨慎思考下做出的决定。W. 舒尔茨曾指出：农民在处理成本、报酬和风险时是进行计算的经济人。我国在城镇化快速发展进程中，乡—城流动人口

第五章　影响乡—城流动人口市民化的因素分析

是否愿意迁入户籍以及愿意迁往大城市还是小城镇都表现出严格的经济人行为。换言之，乡—城流动人口是理性并且讲究实际的经济人，是否愿意迁入户籍主要取决于政府对乡—城流动人口的市民化的态度以及各种政策、制度的设计。因此，户籍迁入意愿背后的政府行为在相当大程度上影响着市民化的进程以及市民化的质量。

综上所述，人口学因素中，女性比男性、第二代比第一代、户籍地在东部、居住地在东部、受教育年限越长、居住时间越久，流动半径越大的乡—城流动人口市民化概率更大；经济因素中，收入水平越高，生活水平越好的乡—城流动人口市民化程度越高；就业变量中，高端服务业比第二行业、国有单位比外资企业、外资企业比私营单位、与技术相关的职业更有利于市民化的实现；幸福感强的，愿意迁入户籍的乡—城流动人口市民化程度更高。

二、影响市民化意愿因素分析

市民化意愿是指乡—城流动人口想成为本地人的愿望，主要分为态度以及意愿两个方面，因此，考察影响市民化的意愿因素主要是围绕影响市民化态度以及市民化意愿的因素展开分析。

1. 变量选择

（1）因变量。将市民化意愿水平划分的四层次，即将 0~0.3、0.3~0.5、0.5~0.7、0.7~1 依序定量为 1，2，3，4 表示因变量。为了分析各种因素对市民化意愿的影响，利用有序响应回归模型进行分析。

（2）自变量。为了较为全面地分析市民化意愿的影响因素，将自变量分为四个层次。第一层次，考虑人口学因素，包括性别、婚姻、代际、教育水平、户籍所在地、居住地、居住时间、流动范围等因素；第二层次，控制人口因素后，考虑经济条件包括回寄收入、月收入、恩格尔系数等对市民化意愿的影响；第三层次，变量主要是控制了人口和经济因素后，分析就业状况对市民化意愿的影响，包括工作强度、从事行业、职业、所属单位性质等因素；第四层次，考虑乡—城流动人口的幸福感以及户籍迁入意愿对市民化意愿的影响。

2. 研究发现

仍然采用嵌套多因素回归方法，对四个层次的变量运用分步逐个加进办法，这样得到以下四个回归模型。总的来看，所有模型在统计上都是显著的，且随着变量增加模型的解释力不断增强（见表 5-5）。

表 5-5　　　　　　　市民化意愿影响因素模拟结果

	变量名	模型一	模型二	模型三	模型四
人口学因素	性别（男=1）	-0.046*** (0.011)	-0.046*** (0.011)	-0.047** (0.024)	-0.025 (0.024)
	代际（第一代=1）	-0.086*** (0.013)	-0.088*** (0.013)	-0.109*** (0.027)	-0.081*** (0.027)
	流动家庭规模	0.002 (0.005)	0.009 (0.006)	0.020* (0.011)	-0.001 (0.012)
	受教育年限	0.004 (0.003)	0.005* (0.003)	0.004 (0.005)	0.002 (0.005)
	在婚	-0.126*** (0.017)	-0.122*** (0.018)	-0.150*** (0.030)	-0.118*** (0.030)
	回老家次数	-0.035*** (0.003)	-0.035*** (0.003)	-0.042*** (0.006)	-0.027*** (0.006)
	户籍地（西部=1）	0.031* (0.017)	0.026 (0.017)	0.003 (0.033)	0.067** (0.034)
	户籍地（中部=1）	0.140*** (0.016)	0.137*** (0.016)	0.136*** (0.0316)	0.111*** (0.032)
	居住地（东部=1）	0.441*** (0.013)	0.439*** (0.01303)	0.387*** (0.02623)	0.272*** (0.027)
	流动范围（跨省市=1）	0.122*** (0.016)	0.124*** (0.016)	0.135*** (0.028)	0.051* (0.029)
	居住时间	-0.0077*** (0.001)	-0.007*** (0.001)	-0.006** (0.003)	-0.018*** (0.003)
经济因素	回寄收入		0.000** (0.000)	0.000 (0.000)	0.000 (0.000)
	月收入		0.000*** (0.000)	0.000*** (0.000)	0.000*** (0.000)
	恩格尔系数		-0.0082 (0.031)	-0.058 (0.059)	-0.062 (0.060)
就业因素	职业培训（接受培训=1）			0.087*** (0.024)	0.114*** (0.024)
	周工作天数			0.014 (0.013)	0.027** (0.013)
	每天工作小时数			0.011 (0.007)	0.006 (0.007)
	制造业	参照：高端服务业		0.064** (0.030)	0.076** (0.031)
	低端服务业			0.034 0.033	0.036 0.035

第五章 影响乡—城流动人口市民化的因素分析

续表

变量名		模型一	模型二	模型三	模型四
就业因素	国有性质	参照：外资合资企业		0.188*** (0.045)	0.063 (0.046)
	私营性质			0.044 (0.036)	0.019 (0.037)
	技术人员	参照：农业生产者		-0.139*** (0.050)	-0.121** (0.051)
	商业与服务人员			-0.034 (0.035)	-0.055 (0.036)
	生产运输人员			-0.026 (0.040)	-0.031 (0.041)
主观意愿	幸福感				0.290*** (0.030)
	户籍迁入意愿（愿意迁入=1）				2.236*** (0.030)
限制区间	Cut1	-1.981*** (0.038)	-1.990*** (0.042)	-1.951*** (0.135)	-1.966*** (0.140)
	Cut2	0.110*** (0.037)	0.101** (0.041)	0.080 (0.134)	0.108 (0.140)
	Cut3	1.267*** (0.038)	1.258*** (0.041)	1.185*** (0.135)	1.641*** (0.140)
	LR chi2	3 266.33	3 331.74	3 349.01	9 972.55
	Prob > chi2	0.000	0.000	0.000	0.000
	Pseudo R^2	0.090	0.113	0.121	0.198

注：居住地在西部，国家社会管理者职业，办事及有关人员职业变量由于多重共线性剔除；括号里为标准差；*** $p<0.01$，** $p<0.05$，* $p<0.1$ 表示显著性。

（1）模型一。模型一主要考察人口基本特征变量对市民化意愿的影响。统计结果显示，除流动家庭规模、受教育年限外，其他特征变量均对市民化意愿的影响具有显著性。

从性别看，参照男性，女性乡—城流动人口市民化意愿更强烈。相对于男性而言，女性比较感性，富于梦想，比较容易受到城市现代化的生活方式、较高的经济收入、优越的就业环境、健全的社会保障等吸引，因而，主观市民化意愿可能比男性更强烈。

从代际看，以1980年为分界点，1980年前、后出生的分别为第一代、第二代乡—城流动人口，统计结果显示，第二代比第一代市民化意愿更强。与第一代相比，第二代乡—城流动人口几乎没有农业生产的经验，对于家乡、土地的感情日渐淡化；和农村生活相比，他们更向往更能适应城市的生活方式、生活环境；从受教育年限看，第二代的平均受教育年限为9.87年，比第一代高1.37年，相比而言，在城市就业的机会比较多。因此，与第一代相比，第二代流动人口的市民化意愿更为强烈。

从家庭变量看，在其他变量不变的条件下，相对于单身，在婚的乡—城流动人口的市民化意愿较弱。可能的原因在于乡—城流动人口在城市的收入水平、生活条件、居住环境等较差，在婚的乡—城流动人口安居在城市的经济和心理成本大于单身的流动人口，由此导致市民化意愿较低。回老家次数变量回归系数为负值，说明回老家次数越多，愿意成为城市市民的意愿反而更弱。回老家次数比较频繁表明流动人口主要的社会关系、家庭成员等都在老家，主观上市民化意愿较弱。

从区域变量看，回归结果显示，户籍地在中、西部，居住地在东部回归系数为正值，表明户籍地在中、西部的乡—城流动人口成为市民的意愿更强，居住地在东部比中部的乡—城流动人口更具有较强的市民化意愿。原因在于东、中、西部经济社会发展不平衡。西部地区自然环境恶劣、经济落后、产业单一、就业机会少，医疗设施水平、医疗技术、养老保障覆盖率、教育质量、教育规模、社会保障服务政策的灵活性都低于东部地区。因此，无论从经济视角还是从人的发展视角，流向东部地区比流向中西部的乡—城流动人口市民化意愿更为强烈，户籍地是中西部的乡—城流动人口更希望脱离落后的生存环境，去城市寻求更好的生存空间。流动半径越大，即跨省市流动的乡—城流动人口市民化意愿更强。从调查数据看，跨省流动的86.9%流入广东、浙江、上海、北京、江苏、福建等东部较发达地区，并且年龄上呈现年轻化，受东部地区经济发展、工资收入、社会服务政策的吸引，跨省流动模式市民化愿望更大。

从居住时间变量看，回归结果显示，居住时间变量的回归系数为负值，表明在城市居住时间越久，市民化意愿反而更弱。按常理，居住时间越长越能适应城市的生活，习惯了城市的生存环境，市民化意愿应该更强烈。但模拟结果恰恰相反，居住时间与市民化意愿呈反向的影响关系，并且这种关系在1%的水平下显著。可能的原因是，在城市居住的时间越长，越对城市的生存压力、竞争压力有深刻的感受，加之不能享有与城市市民一样的社会保障、福利待遇，处于不平等的尴尬境况的改善遥遥无期，进而产生迷茫、担忧、无奈的心

第五章 影响乡—城流动人口市民化的因素分析

境,可能是居住时间对市民化意愿的影响呈反向的原因。

(2) 模型二。控制人口变量后,在模型一的基础上继续考察经济变量对市民化意愿的影响。回归结果显示,考察经济变量中,除恩格尔系数外,其他变量对市民化意愿的影响均有显著性。

从恩格尔系数看,统计结果显示,控制了其他变量的条件下,恩格尔系数的回归系数虽然在统计上不显著,但为负值,说明两者呈负向的影响关系。恩格尔系数越大,意味着在城市的生活水平越低,生活条件越差,市民化意愿越弱。回寄收入与月工资收入变量的回归系数为正值,并且前者在5%的水平上显著,后者在1%的水平上显著,表明工资收入上升,市民化意愿更为强烈。经济因素是人口迁移的主要动因,数据考察,在问到"你为什么选择居住地(选三项)",排在前面的是就业机会多、挣钱多,比重分别为68%、65%。就业机会和挣钱多都体现了乡—城流动人口追求生存保障是选择居住地的主要目的,毋庸置疑,居住地获得的收入水平越高,乡—城流动人口留居当地的动力越大,成为当地市民的愿望自然就更强烈。

(3) 模型三。控制了人口变量和经济变量,在模型二的基础上追加就业变量,分析就业变量对市民化意愿的影响。统计结果显示,考察就业变量中,除工作强度、低端服务业、私营单位、生产与运输职业、商业与服务职业不显著外,其余变量对市民化意愿的影响均具有显著性。

从是否接受培训的变量看,回归结果显示,在其他变量不变的前提下,参照没有经过职业培训,经过职业培训的市民化愿望比较强烈。原因在于,接受过职业技能培训的劳动力,增加了就业的筹码,能够找到稳定职业的机会比较大,工资收入相对比较高,愿意留在城市的动力就比较大。从行业类型看,回归结果显示,参照高端服务业,从事制造业的乡—城流动人口成为市民的意愿更强烈。前面已证明从事高端服务业的收入水平高于制造业,按常理推断,高端服务业的流动人口市民化意愿应该强于制造业的流动人口。可能的原因在于,制造业容易受到经济下行风险的冲击,其就业和收入状况存在不稳定性,同时工作环境较差,劳动强度大等特点,因而,从事制造业的乡—城流动人口具有更强烈的市民化意愿,希望通过市民化的方式来改善生存状况。从单位性质变量看,回归结果显示,在国有部门比在外资部门工作的乡—城流动人口市民化意愿更强烈。可能的原因在于,国有部门是处于国家保护的正规的劳动力市场,从属于国有部门工作,其工作环境、工作的稳定性、社会福利等方面都强于其他部门,因而,在国有部门工作会显著提高市民化意愿。从职业类型看,回归结果显示,对比与技术相关的职业,从事农业生产经营的乡—城流动人口具有更强烈的市民化意愿。可能由于农业生产经营者社会地位、经济收入水平、社会保障、生活状况等与其他职业类型反差较大，致使产生强烈的市民化意愿，通过获得城市市民身份改善目前的境况。

（4）模型四。控制了人口、经济、就业变量后，在模型三的基础上考察主观心理和意愿变量对市民化意愿的影响。回归结果显示，追加的两变量的回归系数均有显著性。

从主观幸福感看，回归结果显示，控制了其他变量的前提下，幸福感、户籍迁入意愿的回归系数为正值且均在1%的水平上显著，表明幸福感越强，愿意迁入户籍的乡—城流动人口市民化意愿就更强。

综上分析，在所有考察的影响因素中，人口变量：女性比男性、第二代比第一代、单身比在婚、户籍地中、西部比东部、居住地东部比中部、流动半径越大的乡—城流动人口具有较强的市民化意愿；经济变量：月收入水平越高，市民化意愿更强；就业变量：从事制造业、国有单位、农业生产经营职业的乡—城流动人口具有较强的市民化意愿；主观变量：幸福感越强、愿意迁入户籍的乡—城流动人口市民化意愿更强。

三、影响市民化能力的因素分析

1. 变量选择

（1）因变量。将上面的市民化能力划分的四层次，即将0~0.3、0.3~0.5、0.5~0.7、0.7~1依序定量为1，2，3，4表示因变量。为了分析各种因素对市民化能力的影响，利用有序响应回归模型进行分析。

（2）自变量。市民化能力为了较为全面地分析市民化能力的影响因素，将自变量分为四个层次。第一层次考虑人口学因素，包括性别、代际、教育水平、户籍所在地、居住地、居住时间、流动范围等因素；第二层次考虑经济条件，包括回寄收入、月收入、恩格尔系数等；第三层次变量主要是分析就业状况对市民化能力的影响，包括工作强度、社会关系、从事行业、职业、所属单位性质等因素；第四层次考虑乡—城流动人口的幸福感以及户籍迁入意愿对市民化能力的影响。

2. 研究发现

采用嵌套多因素回归方法，对四个层次的变量运用分步逐个加进办法，这样得到以下四个回归模型。总的来看，所有模型在统计上都是显著的，且随着变量增加模型的解释力不断增强（见表5-6）。

第五章 影响乡—城流动人口市民化的因素分析

表5-6　　　　　　　　　市民化能力影响因素模拟结果

	变量名	模型一	模型二	模型三	模型四
人口学因素	性别（男=1）	0.047 *** (0.014)	0.030 ** (0.014)	-0.059 ** (0.029)	-0.058 ** (0.028)
	代际（第一代=1）	-0.198 *** (0.017)	-0.194 *** (0.017)	-0.146 *** (0.032)	-0.145 *** (0.032)
	流动家庭规模	0.396 *** (0.007)	0.349 *** (0.008)	0.538 *** (0.015)	0.537 *** (0.015)
	受教育年限	0.458 *** (0.004)	0.471 *** (0.004)	0.606 *** (0.007)	0.606 *** (0.007)
	户籍地（西部=1）	-0.228 *** (0.020)	-0.212 *** (0.021)	-0.079 ** (0.039)	-0.076 * (0.040)
	户籍地（中部=1）	-0.128 *** (0.019)	-0.107 *** (0.019)	-0.046 (0.037)	-0.046 (0.037)
	居住地（东部=1）	0.173 *** (0.016)	0.056 *** (0.016)	0.170 *** (0.032)	0.166 *** (0.032)
	流动范围（跨省市=1）	0.112 *** (0.020)	0.029 (0.021)	-0.131 *** (0.0345)	-0.133 *** (0.035)
	居住时间	0.022 *** (0.002)	0.018 *** (0.002)	0.041 *** (0.0032)	0.041 *** (0.0032)
经济因素	回寄收入		0.000 *** (0.000)	-0.000 *** (0.000)	-0.000 *** (0.000)
	工资收入		0.000 *** (0.000)	0.000 *** (0.000)	0.000 *** (0.000)
	恩格尔系数		-1.502 *** (0.039)	-1.592 *** (0.072)	-1.592 *** (0.072)
就业因素	寻找工作的途径（社会关系）	对照：借助政府、中介、网络等媒体		1.617 *** (0.050)	1.618 *** (0.050)
	寻找工作的途径（自己）			-1.637 *** (0.052)	-1.636 *** (0.052)
	职业培训（接受培训=1）			0.184 *** (0.029)	0.183 *** (0.029)
	周工作天数			-0.072 *** (0.015)	-0.071 *** (0.015)
	每天工作小时数			-0.020 ** (0.008)	-0.020 ** (0.008)

续表

变量名		模型一	模型二	模型三	模型四
就业因素	制造业	参照：高端服务业		-0.047 (0.036)	-0.046 (0.036)
	低端服务业			-0.261 0.044	-0.256 0.044
	国有性质	参照：外资单位		0.115** (0.054)	0.111** (0.054)
	私营性质			-0.111** (0.044)	-0.111** (0.044)
	技术人员	参照：农林牧渔水利		0.295*** (0.062)	0.295*** (0.062)
	商业与服务人员			0.023 (0.043)	0.023 (0.043)
	生产与运输人员			-0.014 (0.049)	-0.014 (0.049)
主观意愿	幸福感				-0.013 (0.037)
	户籍迁入意愿（愿意迁入=1）				0.045* (0.027)
限制区间	cut1	-0.907*** (0.067)	0.154** (0.071)	1.341*** (0.173)	1.344*** (0.177)
	cut2	3.768*** (0.049)	4.936*** (0.055)	6.701*** (0.170)	6.706*** (0.174)
	cut3	7.084*** (0.054)	8.426*** (0.061)	10.87*** (0.180)	10.88*** (0.183)
LR chi2		22 622.79	31 631.36	40 387.77	40 401.28
Prob > chi2		0.000	0.000	0.000	0.000
Pseudo R^2		0.138	0.175	0.386	0.389

注：居住地在西部，国家社会管理者职业，办事及有关人员职业变量由于多重共线性剔除；括号里为标准差；*** $p<0.01$，** $p<0.05$，* $p<0.1$ 表示显著性。

（1）模型一。模型一只考虑人口学因素对市民化能力的影响，统计结果显示，人口学特征的变量对市民化能力的影响均具有显著性。

从性别看，参照女性，男性乡—城流动人口市民化能力更强。人力资本、社会资本以及经济收入状况体现了市民化能力的高低。人力资本与社会资本的性别差异并不显著，工资收入的性别差异比较显著，由于女性劳动者体能、精力等性别本身因素导致从事的职业类型处于劣势地位，可能是导致女性乡—城流动人口市民化能力低于男性的主要原因。

第五章 影响乡—城流动人口市民化的因素分析

从代际看，回归结果显示，代际的回归系数为负值，表明第二代比第一代乡—城流动人口更有能力成为城市市民。一方面，第二代受教育年限相对较长，因此，社会资本除了地缘和亲缘外，还有同学关系资本可以利用，从这个角度来看，第二代乡—城流动人口适应城市生活的能力相对强于第一代。另一方面，第二代学习能力比较强，对于新生事物容易接受，思想比较活跃，同时技术能力、法律意识、市场竞争意识相对较高，因而更具有在城市生活的资本，市民化能力强于第一代乡—城流动人口。

从流动家庭规模来看，流动家庭规模的回归系数为0.396且在1%的水平上显著，表明市民化能力随着流动家庭规模增大而增强。家庭化流动模式可借家庭成员的业缘关系等进一步拓展社会关系，积累社会资本提升市民化能力；另外，在城市工作、生活，需要付出一定的成本，与家庭成员尤其是配偶或兄弟姐妹等具有劳动能力的家庭成员一起流动，可以共担风险降低城市生存成本，提高市民化能力。

从受教育年限看，受教育年限回归系数为0.458，表明受教育年限越长，人力资本水平越高，市民化的能力更强。一方面，受教育水平高，获得的就业机会比较多，可以找到较稳定的工作；另一方面，受教育水平越高，基于同学关系建立的社会关系网络越宽，从而可支配的社会资源越多。换言之，人力资本越高的人，其社会资本及其利用率也就越大（刘传江，2009）。

从地域变量看，对照东部，户籍地在中部、西部的乡—城流动人口市民化能力更弱；居住在东部比在中部的乡—城流动人口具有较强的市民化能力。从户籍地角度看，相对于东部，中、西部的乡—城流动人口受教育程度普遍偏低，一定程度上制约了寻求更高收入工作的机会，只能从事低收入、劳动强度大的工作，不利于市民化能力的提升。从居住地角度看，东部地区经济发达，工业化发展迅速，可提供就业机会比较多，获得收入水平较高。另外，东部地区流动人口规模庞大，建立地缘的社会关系比较容易。因此，无论从提高经济收入还是从拓宽社会关系的角度看，流动东部有利于提升市民化能力。

从流动范围看，参照市内跨县流动，跨省市流动有利于提升市民化能力。跨省市流动方向一般是迁往大中城市或者东部经济发达的沿海地区，较多的就业机会、以及获得较高的工资收入为能够继续留居城市提供了生存保障。从居住时间看，居住时间越长，市民化能力提升的可能性就越大。乡—城流动人口在居住地城市的时间越长，表明在城市的适应能力越强，能够获得较为稳定的收入；另外，居住时间越长，反映了乡—城流动人口"常住化"趋势增强，有利于与当地人建立长期稳定的社会关系，积累社会资源，实现市民化。

（2）模型二。控制了人口变量，在模型一的基础上追加经济变量，考察收入状况、生活水平对市民化能力的影响，统计结果显示，收入变量与恩格尔系数对市民化能力的影响均具有显著性。

从收入变量看，回归结果显示，在其他变量不变的前提下，回寄收入、月工资收入回归系数为正值，表明收入水平越高，市民化能力越强；恩格尔系数的回归系数为负值，表明随着恩格尔系数增大，市民化能力越弱。回寄收入一定程度上反映了流动人口在居住地的收入水平，回寄收入水平越高，市民化能力越强。恩格尔系数可以用来衡量一个家庭的生活质量、生活水平的高低。恩格尔系数越大，在居住地生活质量较差，流动者最基本的生存需求都难以保障，更谈不上自我发展能力的投入，不利于市民化能力的提升。另外，较高的恩格尔系数意味着乡—城流动人口的消费方式、消费观念很难接近市民，不利于与当地市民融合，直接影响社会关系网的构建。

（3）模型三。控制人口和经济变量，在模型二的基础上继续考虑了就业变量对市民化能力的影响。回归结果显示，除了行业变量及生产与运输人员、商业与服务人员不显著外，其余变量对市民化能力的影响均有显著性。

从寻找工作的途径看，回归结果显示，在其他变量不变的条件下，对照政府、中介、网络等公共途径，通过本地人、同学、朋友、亲戚的关系找到工作的乡—城流动人口，更有能力成为市民；自己找到工作的乡—城流动人口市民化能力较弱。事实上，通过什么途径寻找工作一定程度上反映了乡—城流动人口在城市的社会关系网络的宽窄，反映了支配社会资源的能力。根据格拉若维特（Granovetter）对社会关系强弱的测量维度可以看到，通过本地人、同学、朋友、亲戚关系寻找到工作意味着流动人口在城市有很强的社会关系；借助媒体、政府、报纸、中介、网络等大众媒体招标广告则视为弱关系；依靠自己找工作的社会关系更为匮乏。社会关系本质上是潜在的社会资源，在被利用时上升为一种能量或资本。因此，构建广泛的社会关系有利于提高适应能力，获取更多的发展机会。

从是否接受培训变量看，回归结果显示，在其他条件不变的情况下，接受技能培训比不经过职业技能培训的乡—城流动人口市民化能力更强。接受职业技能培训，提升劳动者工作技能，有利于找到较高收入的工作。调查数据显示，从小时工资率看，接受培训的乡—城流动人口小时工资率为 7.72 元，未经过培训的为 3.85 元；从平均工资看，未接受培训的月工资平均水平为 3 814 元，接受培训的为 4 073 元，后者比前者高 259 元。我们做个粗略估计，若以

第五章 影响乡—城流动人口市民化的因素分析

小时工资率 7.72 元（接受培训）为标准，月工资 4 073 元需要付出劳动时间 527 小时；若以 3.85 元为标准（未经培训），付出劳动的时间为 1057 小时，付出劳动的时间是接受过培训的两倍。

从工作强度变量看，其他条件不变的前提下，周工作天数以及日工作小时数的回归系数均为负值，表明工作强度越大，市民化能力更弱。乡—城流动人口依靠超强度、超负荷工作增加收入的途径，不利于身心健康，健康也是一种人力资本，过多的消耗不利于长远发展。另外，随着产业结构升级和技术更新换代速度加快，企业对劳动者的素质和技能要求越来越高，超高强度工作导致没有多余时间和精力用于自身专业技能和素质提升，无法适应劳动力市场的需要，就业机会将变得狭窄。因此，依靠超强度工作虽然短期能够获得较高的经济收入，但从长远角度看，不利于市民化能力的提升。

从单位性质变量看，在其他变量不变的条件下，参照外资企业，在国有企业工作的乡—城流动人口市民化能力较强，私营单位乡—城流动人口市民化能力较弱。与国有部门比较，从事私营单位工作的乡—城流动人口，不但劳动强度大，缺乏培训的机会，而且工资福利水平较低。从职业类型变量看，回归结果显示，参照农业生产经营者，技术人员更有能力成为城市市民。体现在以下方面：其一，技术人员劳动技能素质较高，经济收入获得能力较强。数据考察，技术人员工资平均为 4 066 元，农业生产者平均工资为 3 395 元，前者是后者的 1.2 倍，工资水平显著高于农业生产经营者（$t=7.193$，$Pr(T>t)=0.000$）。其二，技术人员人力资本水平较高。数据考察，技术人员受教育年限平均为 10.58 年，农业生产者为 6.41 年，前者受教育程度显著高于后者（$t=62.34$，$Pr(T>t)=0.000$）。其三，技术人员人力资本、经济收入水平较高，与城市市民相比，社会地位相对差距较小，易于实现社会融合。

（4）模型四。在模型三基础上考虑了主观变量，即幸福感与户籍迁入意愿对市民化能力的影响。统计结果显示，幸福感变量对市民化能力的影响不具有显著性，愿意迁入户籍的乡—城流动人口市民化能力更强。

综上所述，人口学因素中，男性比女性、第二代比第一代、户籍地东部比中部和西部、居住地东部比中西部、流动家庭规模越大、受教育年限越长、流动半径越大、居住时间越久的乡—城流动人口市民化能力越强；经济因素中，收入水平越高，恩格尔系数越小，市民化能力越强；就业因素中，接受技能培训、通过社会关系（本地人、同学、朋友、亲戚等）找工作、国有单位比外资单位、外资单位比私营单位、技术人员比农业生产经营者能显著提高市民化能力；主观变量中，愿意迁入户籍的乡—城流动人口市民化能力越大。

四、影响市民化行为的因素分析

1. 变量选择。

(1) 因变量。将上面市民化行为划分的四层次,即将 0~0.3、0.3~0.5、0.5~0.7、0.7~1 依序定量为 1,2,3,4 表示因变量。为了分析各种因素对市民化行为的影响,利用有序响应回归模型进行分析。

(2) 自变量。为了较为全面地分析市民化行为的影响因素,将自变量分为四个层次。第一层次考虑人口学因素,包括性别、婚姻、代际、教育水平、户籍所在地、居住地、居住时间等因素;第二层次考虑经济条件,包括回寄收入、月收入、恩格尔系数等;第三层次变量主要是分析就业状况对市民化行为的影响,包括工作强度,从事行业、职业、所属单位性质等因素;第四层次考虑乡—城流动人口的幸福感以及户籍迁入意愿对市民化行为的影响。

2. 研究发现

采用嵌套多因素回归方法,对四个层次的变量运用分步逐个加进办法,这样得到以下四个回归模型。总的来看,所有模型在统计上都是显著的,且随着变量增加模型的解释力不断增强(见表 5-7)。

表 5-7　　　　　　　市民化行为影响因素模拟结果

	变量名	模型一	模型二	模型三	模型四
人口学因素	性别(男=1)	-0.092 *** (0.013)	-0.093 *** (0.013)	-0.095 *** (0.028)	-0.091 *** (0.028)
	代际(第一代=1)	0.163 *** (0.015)	0.162 *** (0.015)	0.137 *** (0.031)	0.142 *** (0.032)
	受教育年限	0.073 *** (0.003)	0.071 *** (0.003)	0.073 *** (0.006)	0.073 *** (0.006)
	婚姻(在婚=1)	-0.017 (0.020)	-0.031 (0.020)	0.050 (0.036)	0.052 (0.037)
	户籍地(西部=1)	-0.127 *** (0.019)	-0.119 *** (0.019)	-0.066 * (0.040)	-0.052 (0.040)
	户籍地(中部=1)	-0.088 *** (0.018)	-0.085 *** (0.018)	-0.065 * (0.037)	-0.062 * (0.037)
	居住地(东部=1)	-0.176 *** (0.015)	-0.181 *** (0.015)	-0.143 *** (0.031)	-0.150 *** (0.031)
	居住时间	0.200 *** (0.002)	0.200 *** (0.002)	0.208 *** (0.003)	0.206 *** (0.003)

第五章 影响乡—城流动人口市民化的因素分析

续表

	变量名	模型一	模型二	模型三	模型四
经济因素	回寄收入		0.000 *** (0.000)	0.000 ** (0.000)	0.000 ** (0.000)
	月收入		0.000 *** (0.000)	0.000 ** (0.000)	0.000 ** (0.000)
	恩格尔系数		-0.102 *** (0.035)	-0.067 (0.071)	-0.068 (0.072)
就业因素	培训			0.039 0.006	0.038 0.005
	周工作天数			-0.078 *** (0.015)	-0.076 *** (0.015)
	每天工作小时数			-0.009 (0.008)	-0.008 (0.008)
	制造业	参照：高端服务业		-0.327 *** (0.036)	-0.349 *** (0.036)
	低端服务业			-0.131 *** -0.041	-0.147 *** -0.041
	国有性质	参照：外资合资企业		0.301 *** (0.053)	0.285 *** (0.053)
	私营性质			0.041 (0.042)	0.038 (0.042)
	技术人员	参照：农林牧渔水利		0.061 (0.059)	0.059 (0.059)
	商业与服务人员			0.215 *** (0.042)	0.210 *** (0.042)
	生产与运输人员			0.010 (0.047)	0.005 (0.047)
主观意愿	幸福感				0.223 *** (0.038)
	户籍迁入意愿 （愿意迁入＝1）				0.156 *** (0.0266)
限制区间	cut1	2.266 *** (0.044)	2.220 *** (0.048)	2.038 *** (0.160)	2.305 *** (0.165)
	cut2	5.415 *** (0.047)	5.370 *** (0.051)	5.212 *** (0.164)	5.484 *** (0.168)
	cut3	8.934 *** (0.056)	8.890 *** (0.059)	8.952 *** (0.179)	9.229 *** (0.183)
	LR chi2	62 335.36	62 809.06	30 271.01	30 672.54
	Prob > chi2	0.000	0.000	0.000	0.000
	Pseudo R^2	0.264	0.265	0.292	0.293

注：居住地在西部，国家社会管理者职业，办事及有关人员职业变量由于多重共线性剔除；括号里为标准差；*** $p<0.01$，** $p<0.05$，* $p<0.1$ 表示显著性。

(1) 模型一。同样，模型一只考虑人口学因素对市民化行为的影响，统计结果显示，除婚姻变量外，其他人口特征变量均对市民化行为有显著影响。

回归结果显示，对比男性，女性乡—城流动人口市民化行为概率越大。市民化行为体现为社会活动的参与以及家庭化流动行为方面，现有研究已经表明家庭化流动成为主流模式，尤其是女性流动人口更倾向于携带家庭成员流动（陈卫，2012），另外，随着社会进步，文化和制度层面的变迁使得男女平等观念逐渐渗透，提高了女性社会活动的参与；同时，性别本身塑造的弱势地位形成职业性别隔离（李黎明，2012），多半女性从事辅助或服务型工作，劳动强度比较低，有多余的时间和精力去关注和参加社区举办的文体公益活动。从政治参与看，无论男性还是女性，均处于"悬空"状态（张少文，2010）。乡—城流动人口的"流动"状态以及城乡二元体制的烙印，政治参与的路径和渠道缺失严重，使得乡—城流动人口政治参与趋于"边缘化"。

从代际看，第一代比第二代乡—城流动人口市民化行为更明显。第一代流动人口居住时间相对较长，生活经验丰富，倾向于向周围的人寻求帮助，愿意参加团体活动，进一步提高对社会资源的利用程度。另外，第一代人已婚比重较大，从提高家庭发展能力的角度看，可能更倾向于通过参加社会活动来提高认知。

从受教育程度看，受教育年限回归系数为 0.073，表明受教育年限越长，人力资本水平越高，实现市民化行为概率越大。受教育程度越高，越希望得到社会的认可，从而实现自我价值。因此，受教育程度较高的乡—城流动人口对于社会团体活动的参与程度明显高于受教育程度较低的人。

从区域变量看，回归结果显示，户籍地无论是中部还是西部的回归系数均为负值，表明户籍地为中、西部的乡—城流动人口市民化行为可能性较小；居住地为东部的回归系数为负值，同样表明居住在东部的乡—城流动人口市民化行为概率较小。市民化行为在相当大程度上受户籍制度影响，社会文体、公益活动的参与以及政治参与、工会活动参与通常具有户籍地属性，非本地户籍人口被排斥在体制外。即使东部地区经济发达，社会政策较为灵活的情况下，实现政治市民化、文化市民化仍然举步维艰。

从居住时间看，回归结果显示，在其他变量不变的条件下，居住时间越久的乡—城流动人口行为更有可能实现市民化。从社会参与行为看，居住时间越长，对当地的生活越习惯，打算留在城市长久居住的愿望更加强烈，促使他们更倾向于寻找更多的机会参与社会活动，拉进与当地人的社会距离。从家庭化流动来看，居住时间越长，越倾向于与家庭成员流动，尤其是针对已婚的流动

第五章 影响乡—城流动人口市民化的因素分析

人口,在城市居住时间越久,期望家庭团圆、越期望子女能够在城市享有更高质量的教育,因而更倾向于家庭化流动,实现市民化行为可能性更大。

(2)模型二。在模型一的基础上追加经济变量,主要是考察收入、生活水平对市民化行为的影响,统计结果显示,收入变量、恩格尔系数对市民化行为影响均具有显著性。

回归结果显示,在其他变量不变的条件下,回寄收入和月收入变量的回归系数均为正值,表明收入越高,更容易实现市民化行为;恩格尔系数回归系数为 -0.102,表明恩格尔系数越大,生活水平越低,实现市民化行为概率越小。经济因素客观上决定个体生活水平、社会交往,主观上会影响人的性格特点、心理健康等(和红、智欣,2012)。经济状况越好,越希望与当地人实现社会融合,社会参与的诉求越强烈,因而,市民化行为表现得越突出。

(3)模型三。在模型二基础上追加了就业变量,目的是考察乡—城流动人口的单位性质、行业类型、职业类型等特征对市民化行为是否具有影响。回归结果显示,除私营企业以及技术人员、生产运输人员外,其他变量对市民化行为均有显著影响。

从工作强度变量看,在其他变量不变的条件下,周工作天数变量的回归系数 -0.078 且在 1% 的水平上显著,表明周工作天数越多,更不利于实现市民化行为。社会活动的参与是需要花费时间和精力的,工作强度越大,参加社会活动的时间和精力越少,不利于实现市民化。

从就业类型的变量看,回归结果显示,在其他条件不变的情况下,参照高端服务业,从事制造业的乡—城流动人口不利于市民化行为实现;单位变量中,在国有性质企业更有利于实现市民化行为;职业类型变量中,参照农业生产经营者,商业与服务人员实现市民化行为的概率较大。若不考虑户籍制度的影响,参加社会文体公益活动和政治参与需具备两个最基本的条件:其一是有足够的时间和精力;其二有较高的收入水平。按照马斯诺需求层次理论[①],社会活动的参与属于第三个层次的需求,即满足了生理需要和安全需要后继而所要满足的需求。制造业、农业生产者,以及私营性质企业工作的乡—城流动人口不但收入水平低、劳动强度大,而且工作不稳定,没有社会保险,较低层次

---

① 马斯诺的需求层次:生理需要(个人生存最基本的需要,如吃、喝、住等);安全需要(包括心理和物质上的安全保障,如职业保障、社会保险、退休基金、不受盗窃的威胁等);社交需要(人是社会的一员,需要友谊和群体的归宿感、人际交往需要彼此同情、互助和赞许);尊重需要(要求受到别人的尊重和自己内在的自尊心);自我实现的需要(通过自己努力,实现自己对生活的期望,从而对生活和工作真正感到有意义)。

的生理需要、安全需要都无法得到满足，更谈不上社会参与。相比较而言，从事高端服务业、国有单位、商业与服务人员的市民化行为明显。

（4）模型四。在模型三基础上继续考察主观心理和意愿变量对市民化行为的影响，统计结果显示，幸福感和户籍迁入变量对市民化行为的影响均具有显著性。幸福感的回归系数为 0.223，表明幸福感越强，市民化行为概率越大；愿意迁入户籍的乡—城流动人口市民化行为概率越大。幸福感在某种程度上会影响一个人的心态、行为、甚至性格。幸福感越强的人，心态比较积极乐观，越容易和周围的人交往，社会参与的主动性增强；愿意迁入户籍的流动人口为实现"市民梦"，可能更喜欢参与当地的活动，与当地人融入一起。

综上所述，所考察的影响市民化行为因素中，人口变量：女性比男性、第一代比第二代、流动家庭规模越大、受教育年限越长、户籍地东部比中西部、居住时间越久的乡—城流动人口更有利于实现市民化行为；经济变量：收入水平越高、恩格尔系数越小，实现市民化行为概率越大；就业变量：周工作天数越短、高端服务业比第二产业、国有企业比外资企业、商业与服务人员比农业生产经营者更有利于实现市民化行为；主观变量：幸福感越强、愿意迁入户籍的乡—城流动人口实现市民化行为的概率越大。

五、影响居住市民化的因素分析

1. 变量选择

（1）因变量。将居住市民化水平划分的四层次，即将 0~0.3、0.3~0.5、0.5~0.7、0.7~1 依序定量为 1，2，3，4 表示因变量。为了分析各种因素对居住市民化的影响，利用有序响应回归模型进行分析。

（2）自变量。为了较为全面地分析居住市民化的影响因素，将自变量分为四个层次。第一层次考虑人口学因素，包括性别、代际、教育水平、居住地、流动范围等因素；第二层次考虑经济条件，包括回寄收入、月收入、恩格尔系数等；第三层次变量主要是分析就业状况对居住市民化的影响，包括工作强度、从事行业、职业、所属单位性质等因素；第四层次考虑乡—城流动人口的幸福感以及户籍迁入意愿对居住市民化的影响。

2. 研究发现

采用嵌套多因素回归方法，对四个层次的变量运用分步逐个加进办法，这样得到以下四个回归模型。总的来看，所有模型在统计上都是显著的，且随着变量增加模型的解释力不断增强（见表 5-8）。

第五章 影响乡—城流动人口市民化的因素分析

表 5-8　　　　　　　　　居住市民化影响因素模拟结果

	变量名	模型一	模型二	模型三	模型四
人口学因素	性别（男=1）	-0.254*** (0.012)	-0.233*** (0.012)	-0.158*** (0.018)	-0.161** (0.018)
	代际（第一代=1）	-0.079*** (0.014)	-0.073*** (0.014)	-0.007 (0.019)	0.000 (0.009)
	流动家庭规模	0.158*** (0.006)	0.146*** (0.006)	0.267*** (0.009)	0.269*** (0.008)
	受教育年限	0.089*** (0.003)	0.074*** (0.003)	0.107*** (0.004)	0.106*** (0.003)
	在婚	0.271 0.007	0.264 0.0067	0.260 0.006	0.257 0.005
	居住地（东部=1）	0.177*** (0.013)	0.280*** (0.013)	0.645*** (0.018)	0.648*** (0.018)
	流动范围（跨省市=1）	0.100*** (0.017)	0.049*** (0.017)	0.026 (0.025)	0.031*** (0.030)
经济因素	回寄收入		-0.000*** (0.000)	-0.000*** (0.000)	-0.000*** (0.000)
	月工资收入		0.000*** (0.000)	0.000 (0.000)	0.000 (0.000)
	恩格尔系数		-1.701*** (0.031)	-1.314*** (0.047)	-1.327*** (0.048)
就业因素	培训			0.179 0.017	0.177 0.017
	周工作天数			-0.061*** (0.011)	-0.063*** (0.011)
	每天工作小时数			0.004 (0.006)	0.003 (0.006)
	制造业	参照：高端服务业		-0.096*** (0.027)	-0.087*** (0.027)
	低端服务业			-0.075** (0.036)	-0.068 (0.037)
	国有性质	参照：外资合资企业		-0.313*** (0.036)	-0.305*** (0.036)
	私营性质			-0.219** (0.026)	-0.217** (0.024)
	技术人员	参照：农林牧渔水利		0.026 0.040	0.030 (0.041)
	商业与服务人员			0.334*** 0.037	0.342*** (0.038)
	生产与运输人员			-0.127*** 0.032	-0.123*** 0.032

续表

	变量名	模型一	模型二	模型三	模型四
主观因素	幸福感				0.073 (0.026)
	户籍迁入意愿 (愿意迁入=1)				-0.069*** (0.018)
限制区间	cut1	-1.386*** (0.033)	-2.444*** (0.043)	-2.64*** (0.099)	-2.746*** (0.103)
	cut2	-0.289*** (0.032)	-1.334*** (0.042)	-1.264*** (0.099)	-1.369*** (0.103)
	cut3	1.277*** (0.039)	0.270*** (0.042)	0.756** (0.138)	0.652** (0.103)
	LR chi2	2 719.19	5 963.16	5 172.58	5 622.69
	Prob > chi2	0.000	0.000	0.000	0.000
	Pseudo R^2	0.032	0.109	0.129	0.133

注：居住地在西部、国家社会管理者职业、办事及有关人员职业变量由于多重共线性剔除；括号里为标准差；*** $p<0.01$，** $p<0.05$，* $p<0.1$ 表示显著性。

（1）模型一。模型一只考虑人口学因素对居住市民化的影响，统计结果显示，人口学基本特征变量中，除在婚变量外，其他变量对乡—城流动人口居住市民化的影响均在1%的水平上显著。

从性别看，回归结果显示，男性回归系数为-0.254，表明女性乡—城流动人口的居住条件更接近城市市民，可能是由于女性对于居住条件要求比较高，比较注重卫生环境、小区类型、交通方便、治安等方面。因此，相对男性而言，女性的居住水平更接近城市户籍人口。

从代际看，第一代回归系数为-0.079，表明第二代乡—城流动人口居住条件好于第一代。可能的原因有三个方面。其一，两代人的外出务工的动机不一样。第一代的动机主要是挣钱（经济型）；第二代更注重改变生活状况和人生道路，其动机具有经济型和生活型。因此，第二代乡—城流动人口对于自己的生活条件和生活水平要求更高。其二，第二代乡—城流动人口从事建筑、交通土建、采掘业的比率低于第一代（朱永安，2005），导致第一代的居住条件逊于第二代。其三，受未来预期收入水平的影响，相比第二代，第一代流动人口年龄偏大，未来的就业风险比较大，预期收入不稳定，直接影响居住条件的改善。

从家庭规模看，家庭规模的回归系数为0.158，表明家庭化流动更有利于

第五章　影响乡—城流动人口市民化的因素分析

实现居住市民化。可能的原因在于与家庭成员一起流动，能够租房居住，尽管居住成本比较高但可以改善居住环境，避免住集体宿舍。根据调查，单独流动的乡—城流动人口有33.1%居住雇用企业提供的集体宿舍，家庭化流动（两人及以上）的76.47%租住私房，只有5.94%居住在集体宿舍。

从受教育年限看，受教育年限回归系数为0.089，表明受教育年限越长，人力资本水平越高，居住市民化的概率越大。可能的原因在于受教育水平较高的流动人口实际收入和预期收入水平相对比较高，有利于提高居住条件。

从居住地来看，回归结果表明，居住在东部的乡—城流动人口居住市民化水平相对较高。可能的原因有三个方面，其一，东部地区自然环境比较好，气候适宜，客观上决定了居住的自然条件优越于中西部；其二，东部地区经济发达，就业机会比较多，工资水平高于中西部，为改善居住条件奠定了经济基础；其三，东部地区以广东为首的出台积分落户等政策，规定"将有稳定职业的并在城镇居住的乡—城流动人口纳入以公共租赁房为主的住房保障体系，保障平等地享有住房保障待遇"。因此，东部地区安居工程的出台将会进一步改善乡—城流动人口的居住条件。

从流动范围看，流动范围的回归系数为正值，表明流动半径越大，居住条件实现市民化的可能性越大。对比三种流动半径的工资收入发现，跨省流动收入最高，为4 382元；省内跨市流动次之，为3 780元；市内跨县流动获得的收入平均水平最小，为3 414元。由此可判定，流动半径越大，获得经济收入越高，越有能力改善居住状况。

（2）模型二。在模型一的基础上追加经济因素，即回寄收入、月工资收入、恩格尔系数考察对居住市民化的影响，统计结果显示，三个变量对居住市民化均有显著影响。分变量看，在其他因素不变的条件下，月工资收入的回归系数符号为正，表明随着月工资收入水平上升，本地居住条件实现市民化可能性越大。然而，回寄收入的回归系数符号为负，表明回寄收入越高，本地的居住条件实现市民化可能性越小。可能的原因在于，回寄收入越高，可用于本地消费支出的收入相对越少，不利于本地居住条件的改善，因而导致回寄收入的回归系数为负。恩格尔系数的回归系数为负，表明居住市民化可能性随着恩格尔系数增大而降低。恩格尔系数越大，意味着食品支出占总消费支出的比重越大，用于改善居住环境或其他方面的支出相对越小，不利于实现居住市民化。

（3）模型三。在模型二的基础上考察就业因素对居住市民化的影响，统计结果显示，除日工作时间、技术人员职业变量不显著外，其余变量均显著。

回归结果显示,在其他变量不变的条件下,周工作天数的回归系数均为负值,表明工作强度越大,实现居住条件市民化可能性越小。城市的住房成本比较大,改善住房条件需要有足够的支付能力、时间、精力去寻找合适的房源。然而,劳动强度大的流动人口往往从事建筑业、制造业等低收入的行业,既无支付能力又无时间和精力、更无动力去改善居住条件。

从行业类型看,其他条件不变的情况下,参照高端服务业,从事制造业、低端服务业的乡—城流动人口居住市民化的可能性较小,主要原因在于制造业、低端服务业工资收入低于金融保险地产、科研教育、卫生体育、广播电视等高端服务业的收入水平。数据考察,从事高端服务业、低端服务业、制造业人员工资平均水平依次是4 035元、3 528元、3 702元,高端服务业工资水平比低端服务业、制造业分别高14.37%、9.99%;对比三个行业从业人员的室内设施条件发现,收入越高,居住设施越健全。高端服务业从业人员中60.78%的房内设施均有自来水、卫生间、厨房、洗澡设施,低端服务业人员比例为51.77%,制造业从业人员比例仅占34.97%,相比之下,高端服务业比低端服务业、制造业分别高9.01、25.81个百分点。

单位变量中,参照外资企业,国有企业回归系数为 - 0.313,私营单位为 - 0.219,表明在国有部门或者私营部门工作,居住条件实现市民化的可能性较小。原因可能是在三资企业里,户籍制度对劳动力各项待遇的影响较小,另外,三资企业的经营管理制度设计较为科学合理,员工的生产、生活、居住等方面基本实行一体化管理,从而使得乡—城流动人口在居住安全、居住质量、居住卫生等方面更接近城市户籍人口。职业类型变量中,参照农业生产经营者,技术人员、商业与服务人员的回归系数符号都为正,表明这两类群体的居住条件市民化的可能性较大,原因在于农民的收入水平偏低,市内设施条件较差。数据考察,对照三种职业的收入水平,农业生产经营者的平均收入水平最低,为3 395元;技术人员、商业与服务人员工资收入相对较高,依次是4 066元、3 528元。对比三个群体的室内设施看,农业生产经营者中自来水、厨房、卫生间、洗澡设施健全的占比为17.84%;技术人员、商业与服务人员、生产与运输工人对应的比重分别为56.42%、51.03%、40.35%。

(4)模型四。在模型三的基础上考察主观变量(幸福感、户籍迁入意愿)对居住市民化的影响。统计结果显示,在其他因素不变的条件下,幸福感变量对居住市民化的影响不显著,愿意迁入户籍的回归系数为 - 0.069且在1%水平上显著,表明愿意迁入户籍的乡—城流动人口反而实现居住市民化可能性较小。原因可能是愿意迁入户籍的乡—城流动人口在经济、生活、居住等各方面的反差太大，换言之，经济、居住状况越差的反而越愿意迁入户籍，希望通过迁入户籍改变当前的居住状况，从而导致愿意迁入户籍的回归系数符号为负。

综上所述，居住市民化的影响因素中，人口变量：女性比男性、第二代比第一代、流动家庭规模越大、受教育水平越高、居住地在东部、流动范围越大的乡—城流动人口居住市民化的概率越大；经济变量：回寄收入越多、月工资收入水平越低、恩格尔系数越大，越不利于实现居住市民化；就业变量：工作强度越大、从事制造业、国有部门、私营部门、农业生产经营者、生产与运输职业的乡—城流动人口居住条件实现市民化的概率较小；主观变量：愿意迁入户籍的乡—城流动人口实现居住市民化的可能性较小。

六、影响基本社会公共服务市民化的因素分析

1. 变量选择

（1）因变量。将基本社会公共服务市民化水平划分的四层次，即将 0～0.3、0.3～0.5、0.5～0.7、0.7～1 依序定量为 1，2，3，4 表示因变量。为了分析各种因素对基本社会公共服务市民化的影响，利用有序响应回归模型进行分析。

（2）自变量。为了较为全面地分析基本社会公共服务市民化的影响因素，将自变量分为四个层次。第一层次考虑人口学因素，包括性别、婚姻、代际、教育水平、户籍所在地、居住地、居住时间、流动范围等因素；第二层次考虑经济条件，包括回寄收入、月收入、恩格尔系数等；第三层次变量主要是分析就业状况对基本社会公共服务市民化的影响，包括工作强度、从事行业、职业、所属单位性质等因素；第四层次考虑乡—城流动人口的幸福感以及户籍迁入意愿对基本社会公共服务市民化的影响。

2. 研究发现

采用嵌套多因素回归方法，对四个层次的变量运用分步逐个加进的办法，这样得到以下四个回归模型。总的来看，所有模型在统计上都是显著的，且随着变量增加模型的解释力不断增强。由人口特征变量建立的回归模型一，对基本公共服务市民化的解释能力为 5.9%；继续追加经济变量建立回归模型二，其解释能力略微提高到 6.7%；加入就业变量后，由三类变量建立的回归模型三，将模型的解释能力提高到 23.1%；最后考察的主观变量，发现四类变量建立的模型解释力进一步提高到为 23.2%（见表 5－9）。

表5-9　　　　基本社会公共服务市民化影响因素模拟结果

	变量名	模型一	模型二	模型三	模型四
人口学因素	性别（男=1）	-0.025 (0.018)	-0.021 (0.018)	-0.123*** (0.027)	-0.113 (0.020)
	代际（第一代=1）	0.138*** (0.022)	0.134*** (0.022)	0.124*** (0.030)	0.142*** (0.023)
	流动家庭规模	-0.116*** (0.009)	-0.117*** (0.010)	-0.009 (0.013)	-0.010 (0.010)
	受教育年限	0.201*** (0.004)	0.193*** (0.004)	0.155*** (0.006)	0.159*** (0.004)
	婚姻（在婚=1）	0.344*** (0.024)	0.221*** (0.024)	0.159*** (0.034)	0.155*** (0.027)
	户籍地（西部=1）	-0.124*** (0.025)	-0.122*** (0.025)	-0.272*** (0.037)	-0.255*** (0.027)
	户籍地（中部=1）	-0.223*** (0.024)	-0.230*** (0.024)	-0.272*** (0.035)	-0.271*** (0.026)
	居住地（东部=1）	0.599*** (0.020)	0.515*** (0.020)	0.492*** (0.029)	0.479*** (0.022)
	流动范围 （跨省市=1）	0.026 (0.026)	0.001 (0.026)	-0.002 (0.033)	-0.021 (0.027)
	居住时间	0.101*** (0.002)	0.100*** (0.002)	0.112*** (0.002)	0.110*** (0.002)
经济因素	回寄收入		0.000*** (0.000)	0.000*** (0.000)	0.000*** (0.000)
	月收入		0.000*** (0.000)	0.000*** (0.000)	0.000*** (0.000)
就业因素	职业培训 （接受培训=1）			2.220*** (0.022)	2.118*** (0.022)
	周工作天数			-0.716*** (0.012)	-0.717*** (0.012)
	每天工作小时数			-0.062*** (0.006)	-0.062*** (0.006)
	制造业	参照：高端服务业		0.230** (0.030)	0.234** (0.030)
	低端服务业			-0.030*** (0.038)	-0.027*** 0.038
	国有性质	参照：外资合资企业		-0.082** (0.037)	-0.091*** (0.038)
	私营性质			-0.865*** (0.042)	-0.862*** (0.026)
	技术人员	参照：农林牧渔水利		0.532*** (0.056)	0.521*** (0.042)
	商业服务人员			0.221*** (0.041)	0.203*** (0.041)
	生产与运输人员			0.551*** (0.035)	0.542*** (0.036)

第五章 影响乡—城流动人口市民化的因素分析

续表

	变量名	模型一	模型二	模型三	模型四
主观因素	幸福感				0.080 (0.028)
	户籍迁入意愿（愿意迁入=1）				0.174*** (0.020)
限制区间	cut1	1.955*** (0.058)	2.037*** (0.064)	-2.720*** (0.151)	-2.172*** (0.111)
	cut2	3.866*** (0.060)	3.969*** (0.066)	-0.032** (0.150)	-0.036** (0.111)
	cut3	4.887*** (0.062)	5.000*** (0.068)	1.278*** (0.151)	1.276*** (0.111)
	LR chi2	7 606.87	8 036.53	28 266.26	28 364.49
	Prob > chi2	0.000	0.000	0.000	0.000
	Pseudo R^2	0.059	0.067	0.231	0.232

注：居住地西部、国家社会管理者职业，办事及有关人员职业变量由于多重共线性剔除；括号里为标准差；*** $p<0.01$，** $p<0.05$，* $p<0.1$ 表示显著性。

（1）模型一。模型一分析的是人口学因素对基本公共服务市民化的影响，统计结果显示，除流动范围、性别变量外，其他变量对基本公共服务市民化的影响均在1%水平上显著。

从代际看，对比第二代，第一代乡—城流动人口回归系数为0.138，表明第一代流动人口实现基本公共服务市民化的概率较大。一方面，第一代结婚生子的比率较大。数据考察，第一代乡—城流动人口中，在婚的比率达96.69%；有一个孩子的比率占42.65%，有两个孩子的比率占到48.38%，三个孩子的比率为6.53%；以第一个孩子为例，在本地居住的比例为72.46%。第二代乡—城流动人口中，在婚比率、孩子比率以及孩子在本地居住的比率小于第一代，相比较而言，第一代流动人口对子女教育保障、住房保障等基本社会公共服务的诉求更强烈。另一方面，第一代乡—城流动人口年龄偏大，从事的工作具有劳动强度大、风险大等特点，更希望通过参与社会保险享有社会保障，降低就业市场中的不确定性。综合来看，第一代对住房保障、子女接受正规教育的保障、就业保障、医疗保障、社会救济的现实需求比第二代乡—城流动人口的需求更大，因而，更注重基本社会公共服务市民化，从而导致第一代乡—城流动人口回归系数符号为正。

从家庭规模看，流动家庭规模的回归系数为-0.116，表明基本社会公共服务市民化水平随着流动家庭规模增大反而降低。流动家庭规模越大，对基本社会公共服务包括基本医疗、义务教育、养老、住房、就业、生育保险、计划生育服务、优抚救济、公共文化、公共卫生等需求就越大，然而，在现有的二元社会服务体制下，意味着有越多的家庭成员游离在城市基本社会服务与保障体制外。另外，流动家庭规模越大，生活、住房等消费性支出的增加，自然会降低购买基本社会保障的可能性。

从受教育年限看，回归结果显示，受教育年限回归系数为正值，表明受教育年限对提高基本社会公共服务市民化水平起到显著的正向影响。受教育水平越高，对社会保障的知识了解的越全面，参保意愿越强；另外，受教育水平越高，找到正规、稳定收入的工作机会增大，从而增加参保能力。通过数据考察，85%以上的小学及以下乡—城流动人口没有参加任何社会保险，随着受教育年限增加，这一比重有所下降，到了大学本科阶段，这一比例下降到50%以下；六项全险参保比例由文盲阶段的0.14%上升到大学阶段的11.57%（见表5-10）。

表5-10　　　　　分受教育年限不同险种数量的参保比率　　　　　单位：%

险种数量	文盲	小学	初中	高中与中专	大学专科	大学本科
0	91.51	84.86	80.77	67.70	63.40	46.83
1	5.09	9.85	9.41	11.77	5.44	5.51
2	0.99	1.86	3.01	4.48	4.29	3.58
3	0.90	1.17	2.36	4.27	4.80	7.16
4	0.42	0.76	1.30	3.04	5.19	8.54
5	0.94	1.24	2.47	5.56	10.92	16.80
6	0.14	0.25	0.68	3.18	5.95	11.57

资料来源：2011年国家流动人口动态监测数据库。

从婚姻变量看，回归结果显示，在其他变量不变的条件下，与单身相比，在婚对提高基本社会公共服务市民化水平具有显著正向作用。可能的原因是，在婚能够让人们更重视稳定的生活，关注健康、教育、就业等，为避免各种风险，参保意愿更强，提高基本社会公共服务市民化水平的机会就越大。

第五章 影响乡—城流动人口市民化的因素分析

从区域变量看，回归结果显示，户籍地变量中，东部比中、西部更能显著提高基本社会公共服务市民化水平；居住地变量中，东部更有利于实现基本社会公共服务市民化。两变量回归的结果得出一致的结论，即无论是对于户籍人口还是针对流动人口，东部都能够显著提高基本公共服务市民化水平。基本公共服务市民化的区域差异性可归纳为两个原因：一是公共财政投入的力度。基本公共服务是由政府提供，财政投入的状况在相当大程度上决定了基本公共服务的数量和质量（基本公共服务均等化课题组，2011）。东部地区受改革开放政策效应和地理位置效应等方面的影响，经济发展快于中西部，由经济发展决定的地方公共财政投入力度大于中西部，从而拉大了东部与中西部基本社会保障与社会服务水平和质量的差距。二是政策和制度设计的平等性和灵活性及有效性。基本社会公共服务政策和制度设计是否体现了平等，即是否赋予任何地域、任何条件、任何身份的人们相同的权利和机会并保障灵活而有效的实行是至关重要的。东部地区的社会服务与保障政策始终走在全国的前列。广东省是全国流动人口最大的省，针对庞大的流动人口规模，转变政府职能，建立健全外来务工人员融入城镇的制度设计[1]，出台了一系列灵活且有效率的政策，包括积分落户、子女随迁、职工公寓、公共租赁房、本地参加高考等政策，为保证政策有效落实，制定了一系列标准和制度，包括积分互认、地域间的流通和接续以及义务教育、计划生育、社会保险、住房救助保障服务等制度改革等。这些灵活、高效率的政策提高了流动人口享有基本社会保障与服务的质量与水平。

从居住时间看，回归系数符号为正，表明在其他条件不变的情况下，随着居住时间延长，实现基本社会公共服务市民化的概率增大。原因在于，居住时间增加，维权意识会增强，乡—城流动人口对自身的社会保障权益越了解和关注，参保的意愿就会增强。

（2）模型二。在模型一的基础上追加经济变量进一步分析收入等因素对基本社会公共服务市民化的影响，统计结果显示，收入水平、恩格尔系数能够

---

[1] 广州日报，http://news.sohu.com/20100608/n272632649.shtml，2010年6月：全省乡城流动人口积满60分可申请入户，在制度实施过程中，积分制按照统一标准实施，针对"流动"的特点，提出积分制全省互认、流通和接续的灵活措施。另外，针对持有《广东居住证》但不愿放弃土地等农村户籍利益而没有入户城镇的乡城流动人口，实行乡城流动人口城市居住证制度，持证人可享有：（1）其子女可享受户籍居民女子同等的义务教育待遇；（2）其子女可在居住地参加高考；（3）其子女可在居住地参军入伍；（4）创办企业可享受户籍居民同等的补贴扶持政策；（5）可按规定申请廉租房和公共租赁房；（6）申请社会救助；（7）免费享受就业援助等公共就业服务；（8）可办理乘车优待证；（9）当地政府规定的其他权益和公共服务。

显著影响基本社会公共服务市民化。

回归结果显示，回寄收入与月工资收入变量的回归系数均为正值，表明在控制人口特征变量后，无论是回寄收入还是月工资收入都有利于提高基本社会公共服务市民化水平。收入水平提高，人们会继而追求安全需求以及更高层次的需求。数据考察，以社会保险为例，参保险种数量为 1 种、3 种、6 种时对应的平均收入水平分别是 3 902 元、4 197 元、4 671 元；同样，在月收入低于 1 500 元、1 500~3 000 元、3 000~4 500 元、6 000 元以上参保 3 种以上保险的比率分别是 3.81%、7.64%、9.67%、17.48%。可见，随着收入水平的提高，人们购买社会保险、享有公共服务的意愿和能力都会增强（见图 5-3、图 5-4）。

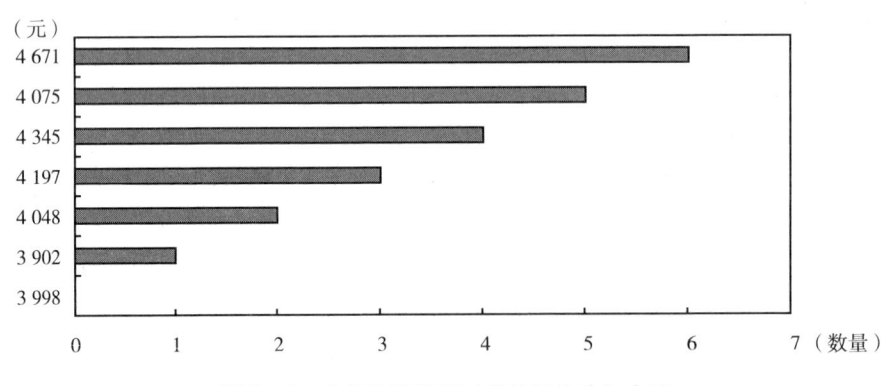

图 5-3 参保险种数量对应的平均收入水平

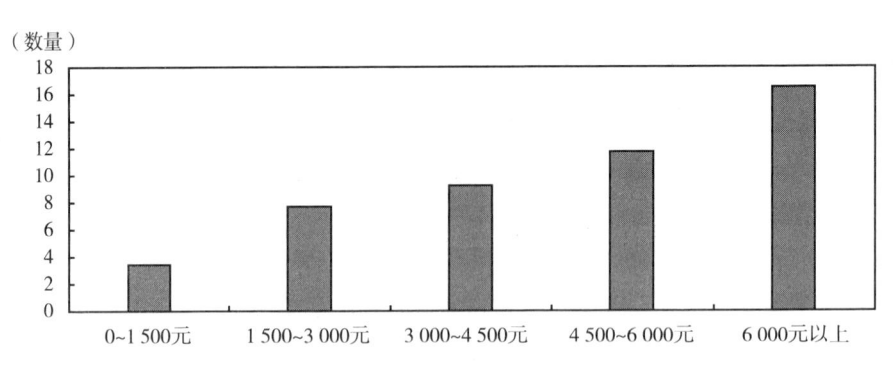

图 5-4 不同收入水平的乡—城流动人口购买 3 种及以上社会保险的比重

（3）模型三。在模型二的基础上考察就业的相关变量对基本社会公共服务市民化的影响。统计结果显示，与就业相关的变量对基本公共服务市民化的影响均有显著性。

第五章　影响乡—城流动人口市民化的因素分析

从是否接受培训的变量看，回归结果显示，接受培训的回归系数符号为正，表明接受培训能够显著提高基本社会公共服务市民化水平。尽管目前职业培训的机制、方式、内容等存在这样或那样的问题，但在一定程度上仍能够提高劳动者的技能水平，获得更多的就业机会，增加收入水平，进而增加参保的可能性；另外，通过培训取得相关的资质证书，可以增加进入正规劳动部门的机会，增大享有城市社会提供基本社会保障的可能性。

从工作强度变量看，回归结果显示，周工作天数以及日工作小时数的回归系数均为负值，表明工作强度越大，反而不利于基本社会公共服务市民化水平的提高。工作强度大的乡—城流动人口一般是低收入群体，满足最基本的生理需求已是勉强，更无力购买社会保险，另外，劳动强度大的群体，一般具有受教育水平偏低、地域间流动性较大等特点，由于现阶段我国社会保险的跨地区接续问题始终未得到彻底解决，不利于处于"流动"状态的乡—城流动人口参保。

从行业变量看，回归结果显示，制造业的回归系数为正值，低端服务业回归系数为负值，表明在控制其他变量不变的条件下，参照高端服务业，在制造业工作显著提高基本公共服务市民化水平，低端服务业反而会显著降低基本公共服务市民化水平。

从单位性质变量看，回归结果显示，参照外资性质企业，国有企业与私营企业的回归系数符号均为负，表明在国有企业与私营企业工作会显著降低基本社会公共服务市民化水平。数据考察，以社会保险为例，在国有企业工作的乡—城流动人口没有参加任何保险的比例为43.99%，比外资企业高22.74个百分点；私营企业比重为80.49%，比外资企业高59.24个百分点。国有企业六险全保的比率为5.22%，比外资企业低7.84个百分点；私营企业六险全保的比率为0.66%，比外资企业低12.4个百分点。国有企业和私有企业的社会保险的参保率偏低更深层次的原因可能有以下两个方面：一方面，外资企业制度比较完善，企业管理制度化、程序化，在制度面前人人平等，重视人权、尊重、平等、自由，没有户籍身份差别，没有城乡差别。另一方面，工会与外资企业的关系是相对独立的，外企企业的制度机制能够确保工会在社会保险中的地位和作用，在维护和改善劳动条件、保护职工合法权益方面，工会对企业能够形成有效的监督机制，确保职工社会保障制度化。因此，用制度设计代替执行力是推动基本社会服务与保障均等化的必要条件。无论是国有还是私营部门，在推动基本社会公共服务均等化过程中，缺乏制度均等的执行力（见表5-11）。

表 5-11　　分单位性质、职业类型的参保险种数量的比重　　单位：%

	类型	0	1	2	3	4	5	6
单位	国有企业	43.99	13.44	9.04	10.88	7.00	10.44	5.22
	私营企业	80.49	10.05	2.98	2.09	1.23	2.50	0.66
	外资企业	21.25	10.56	10.52	13.45	9.89	21.27	13.06
职业	技术人员	34.72	7.17	6.93	9.40	10.11	21.50	10.16
	商业与服务人员	86.39	7.11	1.96	1.42	0.82	1.76	0.54
	农业生产经营者	83.10	13.02	1.47	0.60	0.39	0.69	0.73
	生产与运输	61.42	16.41	6.09	5.21	2.96	5.65	2.26
	党政机关	34.78	9.94	5.59	8.70	13.04	16.15	11.80
	办公人员	55.40	11.74	6.49	6.86	5.46	9.06	4.98

资料来源：2011 年国家流动人口动态监测数据库。

从职业类型看，回归结果显示，技术人员、商业与服务人员、生产与运输人员的回归系数符号均为正，表明在其他条件不变的情况下，对比农业生产者，三类职业能显著提高基本社会公共服务市民化水平，技术人员、商业与服务人员、生产与运输人员分别相对提高 70%、24%、73%。通过数据考察，六个职业类型中，83.1% 农业生产者没有参加任何社会保险，仅次于商业与服务人员；在参保一个险种中，农业生产者参与的比例为 13.02%，随着参保险种数量增多，农业生产者参保比率均是六职业类型中最低的。可能的原因有以下几个方面：一是参保意识不强。调查数据显示，57.88% 的农业生产者为小学及以下文凭，初中文凭占比 37.67%，受教育水平偏低导致农业生产者保障意识薄弱，应加大宣传，提高参保积极性。二是受收入水平及收入来源不稳定影响，导致农业生产者参保能力低。数据显示，农业生产者平均收入水平 3395 元，是六个职业类型中最低的。低收入水平直接影响缴费的承受能力，相关研究也已证明收入水平对参保意愿存在正向影响（胡宏伟、蔡霞，2009）。三是受劳动力市场的职业分割的影响，从事非正规职业的低素质外来群体排斥在社会保障制度体系之外。在城乡二元管理体制下，人们基于户籍、身份、职业类型形成不同的相对稳定的阶层和群体，针对不同的阶层、职业、户籍确定公共服务和社会保障体系。因此，实现基本公共服务市民化有待于进一步破解传统分割体制下社会保障体系，建立全民一体化的新型基本社会公共服务保障体系。

（4）模型四。在模型三的基础上继续考虑主观因素对基本社会公共服务

第五章 影响乡—城流动人口市民化的因素分析

市民化的影响，统计结果显示，幸福感对基本社会公共服务的影响不显著，户籍迁入意愿变量的回归系数显著，表明愿意迁入户籍能够显著提高基本社会公共服务市民化水平。

综上所述，在所考察基本社会公共服务市民化影响因素中，人口变量：女性比男性、第一代比第二代、流动家庭规模越小、受教育年限越长、居住时间越长、流动半径越大、户籍地东部比中部、居住地东部更有利于提高基本社会公共服务市民化水平；经济变量：回寄收入与月工资收入显著提高基本社会公共服务市民化水平；就业变量：接受培训比未经培训、工作强度越小、外资企业比国有企业和私营企业、技术人员及生产运输和商业与服务人员比农业生产经营者能显著提高基本社会公共服务市民化水平；主观变量：愿意迁入户籍有利于提高基本社会公共服务市民化水平。

第三节 本章小结

本章主要从制度层面和经济、就业、区域等层面对影响市民化的因素进行了较为深入的分析，主要结论如下：

首先，对新中国成立以来政府出台的与户籍制度相关的政策、法规的梳理，将我国户籍管理制度的演变过程分为四个阶段，分别为自由流迁阶段、限制流迁阶段、半开放式流迁以及全面开放流迁阶段。不同的历史时期的社会、经济、产业等综合发展促动下，每个阶段的户籍管理制度呈现出不同的内容、功能及特征。1958年以前，户籍管理制度的主要内容是人口统计和登记，在人口自由流迁方面基本不受任何限制。1958～1978年是城乡分割的二元户籍管理制度基本形成阶段，户籍制度除了基本功能外，还具有限制和附加功能，即城乡户籍身份的差别严格限制城乡流动、迁移，同时不同身份特征享有不同的社会保障待遇。1978～2001年，人口流迁的半开放阶段，随着改革开放、经济发展、工业化进程加快以及东西部地区"财富势差"越来越大，吸引大量的农村劳动力转移到城市，形成往返于乡—城间的流动人口。由此，户籍本身限制功能日渐淡化，但附加在不同户籍身份享有的医疗、养老、居住、就业、教育、公共文化等基本社会公共服务不平等的功能更为突出。2001年以来是人口流迁全面开放的过渡阶段。这个阶段虽没有进行全国统一的户籍改革，但在各个地区已经在积极探索户籍改革方案并在部分地区实施，一定程度上改善乡—城流动人口基于不同户籍身份享有的不平等待遇。但因改革对象仅局限于技能型、学历型、投资型,改革范围局限于小城镇、小城市、个别中等城市,改革内容局限于基本社会公共服务的一个或几个方面而非全面的、整体的,因此,户籍制度还仍需要进一步深入、彻底、以剥离户籍制度与基本公共服务为目的的全方位的改革,还原户籍制度基本功能。

其次,分析户籍制度对市民化意愿、市民化能力、市民化行为、居住市民化、基本社会公共服务市民化的影响。

(1) 户籍管理制度的附加功能将乡—城流动人口排斥在城市基本社会公共服务保障体系外,同工不同酬、同工不同权,不平等待遇容易产生不满、抵触甚至犯罪等行为;户籍制度将原本处于同一社会体制内的群体一分为二,市民在心理上自然地形成很强的优越感,因此可能产生对乡—城流动人口心理或行业外的排斥,这在相当程度上不仅影响市民的社会接纳,而且影响了乡—城流动人口市民化意愿的积极性。

(2) 二元户籍管理制度降低了就业选择的机会,造成乡—城流动人口只能从事非正规就业,降低了实际收入水平;减少了乡—城流动人口获得受教育、技能培训的机会,阻碍人力资本提升;长期的城乡分割以及二元福利体制在一定程度上限制乡—城流动人口的社会关系网络的拓展。一方面,受人力资本、社会地位等因素影响,乡—城流动人口社会资本主要局限于"亲缘、血缘、地缘"交织的社会关系网中;另一方面,城市市民对乡—城流动人口"污名化"较为普遍,进一步阻塞乡—城流动人口与市民的接触通道,限制社会资源的积累和拓展,影响市民化能力提升。

(3) 二元户籍管理制度是造成乡—城流动人口政治参与、社会文化参与边缘化的根本原因。乡—城流动人口的户籍所在地在农村,村委会选举是政治参与的主要途径,但是,长期流居的城市并不是户籍所在地,因此,由于时空的阻隔无法行使法律赋予的政治权利。通过数据考察,79.11%的乡—城流动人口没有选举权与被选举权,极少参加党团活动;由于户籍分割的管理制度以及受教育水平等综合因素的影响,导致多半的乡—城流动人口的需求层次仅停留在第二层次,追逐安全需求即寻求就业保障、经济保障,以及社会保障等。因而,主观上,乡—城流动人口对于文化、公益活动参与等市民化行为积极性不高。

(4) 由于户籍制度及其黏附的相关制度安排限制,在社会分配体系中,被延伸为"体制内"与"体制外"的差别,政府提供的保障房与廉租房主要是针对"体制内"的低收入群体,"体制外"的乡—城流动人口只有0.16%,并且多以群租为主,人均住房面积不到3平方米,不及城市居民人均住房面积

第五章 影响乡—城流动人口市民化的因素分析

的10%，因此，居住市民化水平提高有赖于户籍背后社会分配体系的改革。

（5）二元户籍制度通过赋予城市户籍人口和农村户籍人口不同的身份，导致乡—城流动人口与城市市民获得截然不同的公共服务供给保障，乡—城流动人口被排斥在社会体制外，很难获得体制内公共资源，体现在子女教育及自身培训机会缺失、住房无保障、医疗无保障、合同无保障等方面。

最后，从非制度层面对影响市民化的因素运用ologit模型，分维度的进行多元回归分析，因变量分别为市民化综合水平、市民化意愿、市民化能力、市民化行为、居住市民化、基本社会公共服务市民化，选择人口特征变量为控制变量，采用逐步加入的方法，重点分析了经济因素、就业因素、主观因素对各维度市民化的影响。结论归纳如下：

（1）经济变量中，本地收入水平显著提升市民化综合水平及各维度市民化水平；回寄收入除了显著降低居住市民化水平外，对市民化综合水平及市民化意愿、市民化能力、基本社会公共服务市民化水平的提升有显著带动作用；恩格尔系数除了对基本社会公共服务市民化的影响为正外，对市民化综合水平及其他维度的影响均为负。

（2）就业变量中，接受培训对市民化综合水平、市民化意愿、市民化能力、基本社会公共服务市民化的影响为正，对居住市民化、市民化行为的影响不显著。工作强度显著降低市民化综合水平、市民化能力、居住市民化、市民化行为、基本社会公共服务市民化，对市民化意愿无显著影响。参照高端服务业，制造业显著降低对市民化综合水平、市民化能力、市民化行为及居住市民化水平，但在市民化意愿及提高基本社会公共服务市民化的概率比较大；低端服务业除了对市民化意愿的影响为正外，对市民化综合水平及其他维度的影响均为负。参照外资企业，国有性质单位对市民化综合水平、市民化意愿、市民化行为影响为正，对居住市民化、基本社会公共服务市民化的影响显著为负；私营性质单位除了对市民化意愿、市民化行为无显著影响外，对市民化综合水平及其他维度的影响均呈负向关系。参照农业生产者，技术人员对市民化综合能力、市民化能力、基本社会公共服务市民化的影响显著为正，对市民化意愿、市民化行为、居住市民化均没有显著影响；生产与运输、商业与服务人员对市民化综合水平、市民化意愿、市民化能力、市民化行为均没有显著影响；商业与服务人员显著提高居住市民化水平，而生产与运输人员显著降低居住市民化水平，另外，生产与运输、商业与服务人员均比农业生产者显著提高基本社会公共服务市民化水平。

（3）主观变量中，比户籍地更有幸福感显著提高市民化综合水平、市民化意愿、市民化行为，对市民化能力、居住市民化、基本社会公共服务市民化均没有显著影响；愿意迁入户籍对市民化综合水平、市民化意愿、市民化能力、市民化行为、基本社会公共服务市民化的影响为正，对居住市民化的影响为负。

（4）控制变量中，参照女性，男性总体上实现市民化的概率较低。分维度看，男性对基本公共服务市民化的影响不显著，对市民化意愿、市民化行为、居住市民化的影响呈负向关系，但显著提高市民化能力。参照第二代，第一代总体上实现市民化的概率偏低。分维度看，第一代市民化意愿、市民化能力、居住市民化实现的可能性较小，基本社会公共服务及市民化行为实现的可能性较大。参照户籍地东部，户籍地中、西部的市民化意愿较强，但是市民化综合水平及其他维度实现的概率偏低；参照居住地中部，居住在东部除市民化行为偏低外，市民化综合水平及其他维度实现概率较高。其他特征变量如婚姻、受教育水平、流动范围、居住时间对市民化综合水平及其他维度均有显著影响。

第六章

提高人口城镇化质量对策及建议

第一节 人口城镇化水平修正

按照国际惯例,通常采用城镇化率衡量一个国家或者一个地区城镇化发展水平的标准。2016年末我国居住在城镇的人口为7.9亿人,常住人口城镇化水平达到57.35%,这一比例首次过半是在2011年,常住人口城镇化水平为51.27%。然而,由于中国城乡户籍管理制度导致城镇化发展呈现二阶段模式的特殊性,职业的非农化与身份的市民化并非同步进行。大量农业人口转移到城市但未成为真正的市民,由此导致现阶段以城镇化率衡量的城镇化水平并未真实反映实际。

中国人口城镇化水平究竟有多高?至今没有一个能够被公认的答案与标准。朱宇(2012)从国际背景的角度认为我国城镇人口的统计口径符合目前国际标准,不但没有高估我国的城镇化水平,反而存在着未能涵盖大量具有相当城镇特性、仍未被纳入常规市镇人口统计的"准城镇人口"(朱宇,2012)。我国现行城镇人口的统计口径将在城镇生活半年及以上的流动人口统计为城镇人口,然而,由于不具有城市户籍身份,被排斥在城市社会保障体系外,大规模的乡—城流动人口处于"半市民化"状态(钟水映,2007)。因此,有研究认为将这些乡—城流动人口计为城镇人口将提高城镇化水平,以是否享有城镇社会基本公共服务为标准,将半城镇化的乡—城流动人口扣除后城镇化水平实为43.73%(段成荣,2012),换言之,现行的城镇化率被高估了近10%。另有学者从土地城镇化的角度认为现行城镇化率被虚高,理由是随着城市土地面积扩张,将大量的失地农民统计为城镇人口,由于培训、保障等方面制度的缺陷,农民并未真正市民化(张媛媛、贺利军,2004)。无论是从基本社会公共服务的角度还是从土地城镇化的角度都认为"人"的市民化是城镇化水平判断的标准。城镇化是一种复杂的、多维的社会、经济、文化等相互作用的过程与结果，单一指标法（城市人口比重、非农业人口比重、城市用地指标等）很难全面反映城镇化发展水平，并且也偏离城镇化发展的核心以及最终的目的，因此越来越多学者倾向于采用复合指标法，根据自身研究角度及数据的可获得性构建指标体系（张耕田，1998；牛慧恩，2003；都沁军，2006；安琳等，2007；李明秋，郎学斌，2010）。当前国内学术界在衡量城镇化水平方面没有公认的选取指标和构建指标体系的统一标准。我们认为，城镇化发展的核心是人的城镇化，人的城镇化才是城镇化发展的最终目的，人的城镇化是人的生存环境及其条件要素的城镇化，即人居住并且参与城镇建设，同时享受城市现代发展的成果，是生活质量、生活方式，生活保障方式和生活观念市民化的过程。

一、理论模型

城镇化是一种系统演化的过程，而不是简单的人口集聚过程，人口迁移到城市并且居住在城市，并不意味着实现了人口城镇化，即便转移到城市就业，也未必完成了城镇化过程。这个过程仅是人口产业结构转变引起的人口迁移的变化过程，依此可以衡量一个国家的工业化或非农化程度，并不能真实反映城镇化的实际状况。结合中国当前城镇化发展的实际，本书认为应当从"量（quantity）"和"质（quality）"两个方面来衡量城镇化水平。所谓城镇化的"量（quantity）"，即现行的城镇化率（简称为"城镇化率"），这一指标不仅反映了人口在城乡的空间分布状况，而且在表达城市成长状态方面最为典型，也便于统计；所谓城镇化的"质（quality）"，指的是在城镇化进程中市民化实现程度，体现为五个维度：市民化意愿、市民化能力、市民化行为、居住市民化、基本社会公共服务市民化。

常住城镇人口包括两类群体即具有城镇户籍身份的市民（本地及外来市民）、具有农业户籍身份的从农村转移到城市的乡—城流动人口，假定城镇户籍的本地及外来市民的市民化程度为1；具有农业户籍身份的乡—城流动人口市民化程度为 q_0，表示乡—城流动人口市民化相当于城镇户籍居民百分比；全国总人口为 P，城镇的两类群体规模分别为 P_1，P_2；由城镇化质（quality）与量（quantity）共同反映的城镇化水平设为 r，有：

$$r = Q_1 * Q_2 \tag{6-1}$$

第六章 提高人口城镇化质量对策及建议

其中，Q_1 为城镇化率向量，体现城镇化的量（quantity）；Q_2 为市民化程度向量，体现城镇化的质（quality），上述公式展开有：

$$r = \begin{bmatrix} Q_{11} & Q_{12} \end{bmatrix} * \begin{bmatrix} 1 \\ q_0 \end{bmatrix} \quad (6-2)$$

式（6-2）中，$Q_{11}=P_1/P$，$Q_{12}=P_2/P$ 分别是城镇户籍身份人口比重、乡—城流动人口比重，二者之和为常住城市居民占总人口比重，反映了中国城镇化率（%），即有多少人口居住在城镇；以各群体的市民化程度为权数乘以相应比重反映中国城镇化发展水平。依此模型，城镇化水平测定分为两个步骤：其一，计算乡—城流动人口市民化水平 q_0；其二，根据公式（6-1）和公式（6-2）计算城镇化水平。

二、城镇化水平测算结果与分析

1. 测算结果

2011 年，我国总人口为 13.74 亿人，居住在城镇的人口为 6.91 亿人，其中，乡—城流动人口 2.3 亿人①，城市市民 4.61 亿人。根据式（6-1）、式（6-2）测算的以市民化水平作为权数修正的城镇化水平为 42.28%，单纯以城镇化率衡量的城镇化水平为 51.27%，后者比前者高 8.99 个百分点；照此推算，2016 年常住人口城镇化水平为 57.35%，以市民化水平为权重修正的城镇化水平为 48.36%。由于"十三五"以来，国家推进"一带一路"建设和"脱贫攻坚"战略，修正后的城镇化水平应在 50% 以上。

同样，根据式（6-1）、式（6-2），以市民化水平作为权数，测算省际城镇化水平并以此计算与城镇化率相差的幅度。测算结果显示，除西藏外，城镇化水平过半的省份有 7 省，其余省份均在 30%~50%。过半省份分别是北京、天津、内蒙古、辽宁、吉林、黑龙江、上海，其中，上海最高，为 74.12%；其次是天津、北京，分别是 71.11%、67.37%。以城镇化率衡量的城镇化水平明显高于以市民化指数作为权数修正的城镇化水平，两者相差 2.84%~25.39% 区间不等，其中，两者相差比较大的是浙江、广东、福建、上海、江苏、北京，差距比较小的省份是黑龙江、新疆、吉林、甘肃等西部地区居多。

---

① 参见国家统计局网站，《2011 年国民经济和社会发展统计公报》：2011 年，全国人户分离的（居住地和户口登记地所在乡镇街道不一致且离开户口登记地半年以上的）人口为 2.71 亿人，其中，流动人口（人户分离人口中不包括市辖区内人户分离的人口）为 2.30 亿人。

从社会经济发展水平划分不同区域来看,东、中、西部、东北地区城镇化水平分别为 51.25%、35.04%、37.46%、54.22%。与以城镇化率衡量的城镇水平相比,东部相差最大,为 13.93 个百分点;东北地区差距最小,为 3.76 个百分点;中、西部分别相差 4.63%、5.36%(见表 6-1)。

表 6-1　　　　　　　　2011 年全国及省际城镇化水平测算结果

地　区	总人口	常住城镇人口	乡—城流动人口	城镇化率	市民化水平	城镇化水平**	相差*	比重1	比重2
全国	134 735	69 079	23 212	51.27	0.478	42.28	8.99	33.60	—
北　京	2 019	1 740	810	86.20	0.531	67.37	18.83	46.55	3.49
天　津	1 355	1 091	253	80.50	0.496	71.11	9.39	23.19	1.09
河　北	7 241	3 302	1 104	45.60	0.431	36.93	8.67	33.43	4.76
山　西	3 593	1 785	480	49.68	0.510	43.13	6.55	26.89	2.07
内蒙古	2 482	1 405	253	56.62	0.460	51.10	5.52	18.01	1.09
辽　宁	4 383	2 807	470	64.05	0.489	58.56	5.49	16.74	2.02
吉　林	2 749	1 468	161	53.40	0.441	50.13	3.27	10.97	0.69
黑龙江	3 834	2 166	184	56.50	0.476	53.98	2.52	8.49	0.79
上　海	2 347	2 096	780	89.30	0.543	74.12	15.18	37.21	3.36
江　苏	7 899	4 889	2 116	61.90	0.504	48.61	13.29	43.28	9.12
浙　江	5 463	3 403	2 530	62.30	0.452	36.91	25.39	74.35	10.90
安　徽	5 968	2 674	644	44.80	0.462	39.00	5.80	24.08	2.77
福　建	3 720	2 161	1 114	58.10	0.505	43.27	14.83	51.55	4.80
江　西	4 488	2 051	322	45.70	0.440	41.68	4.02	15.70	1.39
山　东	9 637	4 910	1 610	50.95	0.502	42.63	8.32	32.79	6.94
河　南	9 388	3 809	1 150	40.57	0.438	33.69	6.88	30.19	4.95
湖　北	5 758	2 984	480	51.83	0.502	47.67	4.16	16.09	2.07
湖　南	6 596	2 975	575	45.10	0.428	40.12	4.98	19.33	2.48
广　东	10 505	6 986	4 600	66.50	0.514	45.22	21.28	65.85	19.82
广　西	4 645	1 942	414	41.80	0.481	37.18	4.62	21.32	1.78
海　南	877	443	69	50.50	0.471	46.35	4.15	15.58	0.30
重　庆	2 919	1 606	460	55.02	0.485	46.90	8.12	28.64	1.98
四　川	8 050	3 367	1 104	41.83	0.468	34.53	7.30	32.79	4.76
贵　州	3 469	1 213	230	34.96	0.447	31.30	3.66	18.96	0.99

第六章 提高人口城镇化质量对策及建议

续表

地　区	总人口	常住城镇人口	乡—城流动人口	城镇化率	市民化水平	城镇化水平**	相差*	比重1	比重2
云　南	4 631	1 704	368	36.8	0.432	32.28	4.52	21.60	1.59
西　藏	303	69	23	22.71	0.414	18.32	4.39	33.33	0.10
陕　西	3 743	1 770	483	47.3	0.436	40.01	7.29	27.29	2.08
甘　肃	2 564	953	161	37.15	0.440	33.65	3.50	16.89	0.69
青　海	568	263	46	46.22	0.444	41.80	4.42	17.49	0.20
宁　夏	639	318	98	49.82	0.474	41.70	8.12	30.82	0.42
新　疆	2 209	962	120	43.54	0.475	40.70	2.84	12.47	0.52

　　注：乡—城流动人口是指从农村转移到城镇并在城镇居住连续6个月及以上的农业人口；相差*表示以城镇化率衡量的城镇化水平与以市民化权数修正的城镇化水平之差；修正的城镇化水平**是按照模型中公式测算出来的；比重1指乡—城流动人口占城镇常住人口比重；比重2指乡—城流动人口占全国乡—城流动人口比重。

　　资料来源：乡—城流动人口数据来源于国家统计局官方网站《2011年我国农民工调查监测报告》；总人口、城镇常住人口来源中国统计年鉴（2012年）；其他数据是测算结果。

2. 原因分析与讨论

（1）城镇化率高于城镇化水平。以市民化为标准测算的城镇化水平明显低于单纯以城镇化率衡量的城镇化水平，原因在于城镇化率将产业转移人口的流动性作为固定性城镇人口，从而高估城镇化水平。城镇化率考量了人口的空间分布，由农村转移到城镇的农村人口规模越大，城镇化率越高。然而，他们中大部分仅仅是往返于乡—城间处于流动状态的人口，尽管从事非农产业，有较强的市民化意愿，但是从社区文体公益活动的参与、政治参与、教育、就业、医疗、养老、住房、救助等社会权益和社会保障方面均被排斥在城市社会体制外，无法与城市市民享有同等的公民待遇，无法享有城市社会经济发展的建设成果。统计数据显示，2.32亿人的乡—城流动人口贡献了城镇化率的33.6%，而乡—城流动人口市民化平均水平仅为0.478，总体上处于"半市民化状态"，较低的市民化水平意味着低质量的城镇化。城镇化的核心是人的城镇化，真正的城镇化必须以人为本，让广大进入城市的农民能够享受教育的城镇化、医疗的城镇化、社会保障的城镇化、公共服务的城镇化等。现行城镇化率虚高了城镇化发展水平，以市民化为标准测算的城镇化水平综合考虑了乡—城流动人口在政治、文化、经济、基本社会保障等方面的市民化能力，因此，42.28%较为真实地反映了当前城镇化发展的实际。

因此，城镇化率反映的是相对于产业结构而言的人口迁移形成的"相对城镇化",在概念上与本质上反映的都是人口向非农产业聚集的比例与速率,将之称为"人口工业化率"或"人口非农化率"会更准确。在我国,人口的产业结构由农业向工业转移的过程是很快的,由于总体上人口规模过大,国家的经济发展尚未充分,城市资源还没有能力完全接纳数量巨大的新增产业人口,造成新增产业人口游离于城乡之间,形成巨大的人口流动性。由此形成了城镇化的速度迟滞于人口的非农产业转移速度。由于产业转移人口①具有较强的流动性和不稳定性,会导致地区间城镇化率的变化,甚至每年都会发生变化。当然,从国家层面来看,这个比例是稳定的。也可以说,是人口非农产业的转移推动着人口城镇化的进程。而以市民化作为统计标准的城镇化水平,属于"绝对城镇化"范畴,所指的是具备了一切城镇要素的人口分布比例,这是城镇化的真实反映,是城市化发展的真实状况。

(2) 城镇化率与城镇化水平的差距在各区域差异较为明显。城镇化率与城镇化水平的差距在各区域差异较为明显的直接原因是不同地区产业结构优势不同从而吸引乡—城流动人口的数量不同。较高的乡—城流动人口会放大城镇化率,而较低的市民化水平直接影响城镇化水平。这是因为将城镇化与工业化或非农化两个概念相混合而导致的误差。从四大区域来看,东部地区乡—城流动人口占城镇常住人口比重、乡—城流动人口占全国乡—城流动人口比重分别为 64.5%、47.82%,对应的城镇化率高于城镇化水平 13.93 个百分点;东北部地区乡—城流动人口比重最低,比重1(乡—城流动人口占城镇常住人口比重)与比重2(乡—城流动人口占全国乡—城流动人口比重)分别为 12.5%、3.5%,对应的城镇化率高于城镇化水平仅 3.72 个百分点。从省际来看,随着乡—城流动人口比重(比重1、比重2)逐渐降低,城镇化率与城镇化水平的差距逐渐缩小(见图 6-1)。吸纳流动人口最多的省份是广东、浙江、江苏三省,占全国乡—城流动人口的 40.2%;城镇常住人口中,乡—城流动人口比重过半的省份是浙江、广东、福建三省,其中,浙江省乡—城流动人口占城镇常住人口比重最大,为 74.35%;广东次之,为 65.85%;福建为 51.55%。浙江、广东、福建、江苏四省相应的城镇化率比城镇化水平分别高 25.39%、21.28%、14.83%、13.29%。另外,城镇化率与城镇化水平的相差幅度与乡—城流动人口比重1、比重2 的相关系数分别为 0.94、0.77,并通过统计显著性检验,表明城镇化率比城镇化水平高多少与乡—城流动人口比重呈正向强相关。

---

① 产业转移人口:由农业转移到非农业的但并未实现身份转换的人口。

第六章 提高人口城镇化质量对策及建议

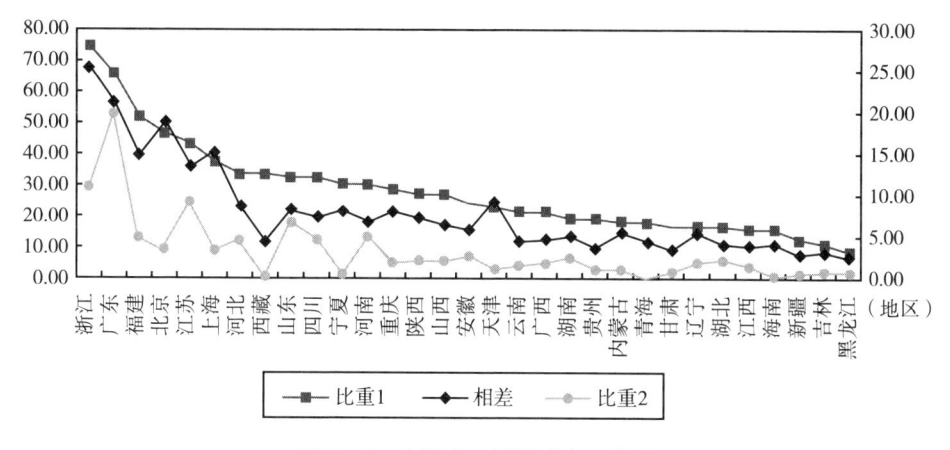

图6–1 省际乡—城流动人口比重

注：相差指城镇化率与城镇化水平相差多少；比重1指乡—城流动人口占常住城镇人口比例；比重2指省际乡—城人口占乡—城流动总人口比重。

受区位经济发展优势影响，经济发达、就业机会多、制度环境相对优越的东部大中城市仍然是流动人口的主要聚集地，由此导致东部城镇化率和城镇化水平明显高于中、西部地区。主要体现在三个方面：其一，受经济发展水平的影响，东部地区乡—城流动人口工资收入相对较高。东部地区乡—城流动人口工资最高，其次是东北，再次是西部，最后是中部。其中，东部比中部高19.8%，东北、西部和中部地区之间的工资差异相对较小，东北、西部地区工资水平分别比中部高出9.4%和4.5%（中国流动人口发展报告，2012）。其二，产业分布差距决定了各地区吸纳劳动力的能力不同。制造业是所有实体产业中吸纳流动人口最多的行业，2011年，东部地区制造业就业的比例达到43.7%，接近一半，而中、西部等地区不到10%。近年来，受劳动力、土地要素等成本上升，东部地区的资源加工型和劳动密集型产业逐渐向西部地区转移，导致人口流出的中西部出现人口回流（吴少杰，2012），就地城镇化趋势渐显。但是，中西部地区经济能量较小，以劳动力和资源优势为基础的产业调整并没有大规模出现，中西部劳动力依然向东部地区周期性流动。其三，从社会服务政策看，东部地区陆续推出稳定劳动力的一系列利好举措，如提高工资水平和最低工资标准、建造廉租公寓和低价保障房、享受由企业缴费的医疗、养老等社会保障、定期职业培训、安排子女义务教育、实施积分落户等社会服务和保障政策，改善了流动人口在城市的生活环境、劳动环境以及社会保险的覆盖环境，使其逐步享受与本地居民均等的基本公共服务，促进流动人口的社会融合。由此可见，区域经济发展的产业结构优势和社会服务政策吸引着乡—城流动人口的流动方向，而这种方向会随着区域经济发展热点的转移而改变，由此导致不同区域间乡—城流动人口规模的差异。因此，依照产业转移人口判定城镇化率是不准确的。

第二节 提高城镇化质量对策及建议

2016年，乡—城流动人口占全国城镇人口的42.82%。乡—城流动人口是推动我国城镇化发展的主要力量，然而市民化水平不及城市户籍人口的一半，是制约城镇化质量发展的主要"瓶颈"。提高城镇化质量发展水平，关键在于提高市民化综合水平，不仅是让乡—城流动人口在城市就业并长期生活，而且要实现人力资本市民化、社会关系市民化、工资收入市民化、文化市民化、政治市民化、家庭市民化、社会保险市民化、教育市民化、社会服务市民化等。换言之，提高城镇化质量就是要让乡—城流动人口获得作为城市居民的身份和平等权利，融入城市社会、成为真正意义上的"市民"阶层。

一、提高市民化能力

1. 加大人力资本投资，提升乡—城流动人口发展能力

当前，乡—城流动人口文化素质和劳动技能很难适应产业经济转型和升级的需要，"用工荒"与待业并存，一定程度上反映了劳动力市场供求结构失衡、劳动力技能培训与市场需求脱节等问题。针对不同特征的劳动力，根据市场需求加强职业技能培训和就业服务，通过构建企业主导、政府支持的乡—城流动人口技能培训体系，建立以统筹资金、校企联合、订单培训、直补企业等措施为主的流动人口培训机制，不断提高乡—城流动人口职业适应能力和就业竞争能力。加大职业教育投入，对乡—城流动人口免费培训；搭建培训信息与就业市场信息一体化网络，有助于增强培训的针对性和时效性；同时实施严格的就业准入制度，以激励积极主动接受培训，促进由普通工人向技工、技师甚至是高级技师转变。打破由政府垄断的格局，建立市场主导型培训机制。政府放开培训市场，由专业化的培训机构进行市场化运作，提高培训效率，同时政府依法监管，逐步组建一批具有完善教学培训条件、能够起到示范和带动作用的培训基地。另外，也可通过建立企业培训激励机制，以税收优惠、补贴等激

第六章 提高人口城镇化质量对策及建议

励措施，积极引导招工企业自主的建立一套长期的、有效的尤以乡—城流动人口的实践技能培训为主的培训体系。建立工资增长监测机制，提高技术型工人的待遇、社会地位，使其能够在城镇稳定就业、具有长久发展能力的产业工人。

2. 逐步建立城乡统一、公平竞争的劳动力市场，提高经济获得能力

建立城乡统一的劳动力市场，使劳动力资源在部门之间、地区之间和行业之间能够自由合理地流动。劳动就业是流动人口在流入地经济社会生活的起始点和关键点，应当保障在劳动就业各个方面享有平等就业机会、劳动收入、劳动保护的权利。平等的就业机会。行业、职业分割是影响乡—城流动人口工资差距的最重要因素，清理和取消针对乡—城流动人口进城就业的各种歧视性规定和不合理限制，消除行业和职业分割，提供平等的就业机会和服务，推动乡—城流动人口与企业其他职工同工同酬。劳动收入保障。建立工资保障金制度、拖欠工资处罚制度，为避免制度表面化，建立第三方机构监督其执行和落实。同时，各地区结合当地经济发展水平、企业工资制度、生活消费支出等指标，建立最低工资标准，提高乡—城流动人口的工资收入水平。制定劳动保护政策。受传统就业制度和二元户籍管理制度影响，长期以来，他们一直被视为"外来人"，维权意识弱，维权能力差，地位低下，多数被排斥在工会组织之外，无法与城市市民一样享有同等的劳动保障，制约市民化进程。因此，按照"工会法"在企业建立包括乡—城流动人口工会组织，参与同企业的协商谈判，包括劳动合同的签订、加班时间的限制、加班工资的发放、女工婚育应享有的国家规定的休假制度等，提高组织化程度，改变弱势地位，使其在工作中获得稳定感、安全感、尊重感。

3. 社会关系市民化

社会关系网络是影响乡—城流动人口就业、经济收入的重要因素。处于同一层次人们之间的社会交往要比层次相差很大的人们之间的交往普遍些。乡—城流动人口的社会资本总体上相对匮乏，直接影响城市融入，需借助政府的力量，通过搭建各种平台，帮助他们逐步建立以业缘为基础的社会关系网络，扩大社会关系存量，为提高生存能力积累更为雄厚的社会资源。

二、提高市民化行为

1. 明确乡—城流动人口的政治定位

乡—城流动人口难以融入城市社会，实现市民化的主要原因有两个方面：一方面，由于制度上的排斥，始终没有纳入城市社会发展规划中，即与城镇化发展相配套的各种制度安排滞后，从而导致职业与身份转换不同步；另一方面，乡—城流动人口自身的政治意识较为薄弱。因此，保障流动人口与本地人一样公平、公正、公开地参与工会、党团组织、选举活动和社区管理活动等权利，有助于树立城市主人翁意识、增强归属感和责任感。

2. 积极开展文体公益活动，提高社会参与

限制乡—城流动人口市民化行为的不仅体现在政治地位、制度层面，还体现在文体公益活动的社会参与上。这就需要政府引导全社会，搭建各种社会参与的平台，提供多种机会实现乡—城流动人口与城市居民的社会融合。由政府主导在社区建立基层组织团体，给流动人口和本地人口创造深入交流和沟通的平台和空间，加深彼此之间的相互认识、了解和接纳，减少和消除本地市民对流动人口的心理隔阂及行为排斥，这对于乡—城流动人口市民化行为的提升有着最为直接的积极影响。社区中积极开展一系列的文体、公益活动，规定参与群体中，流动人口不能低于50%，以流动课堂、流动图书等方式，举办各种类型关乎社会公德、法制宣传、科普知识等方面的宣传活动。通过电视网络、图书报纸、街牌标语、公益展览等，积极引导和激励流动人口了解流入地市情民俗、价值观念，提高行为市民化水平和进程。

三、提高居住市民化水平

居住条件带给流动人口对流入地最直接、最真切的感受，"安居才能乐业"，在政策上保障流动人口的居住安全可大大增强归属感，有助于市民化水平提高。将流动人口纳入城市住房建设规划，逐渐将公租房、廉租房、经济适用房等各类保障型住房向该人群开放，鼓励企业、工厂等向流动人口提供单位住房、职工宿舍、集体租房等，改善流动人口的居住设施，提高居住质量。

四、逐步废除户籍管理制度，建立统一的人口居民证制度

户籍管理制度是乡—城流动人口就业不公、居住不公、发展不公、福利不公、待遇不公、政治不公的根本原因，是制约市民化进程的主要瓶颈。因此，推行城乡一体化的户籍制度改革，以人口居住证取代户籍管理制度，实现户籍动态管理，赋予所有居民同等的权利和义务，彻底消除身份歧视，实现外来工的本地化和乡—城流动人口的市民化。无论大、中、小城市，均全面、彻底放开户籍准入门槛，实施居住证制度，还原户籍制度的本位功能。取消与户籍附

第六章 提高人口城镇化质量对策及建议

带的一切福利制度，剥离有差别的户籍福利，给所有人自由迁徙并获得同等、公平、公正的社会保障权利。积极发展中小城市，加大投资建设力度，引导产业转移，从经济、产业角度引导移民，避免因全面放开户籍导致某些经济发达的大城市人口超载问题。

五、促进全社会范围内基本社会公共服务均等化

基本社会公共服务是面向全社会的共同需求，然而，在义务教育、公共卫生、公共安全、公共文化和社会保障等方面，乡—城流动人口均处于弱势地位，因此，全民实现基本社会公共服务均等化是乡—城流动人口实现市民化的关键。政府代表着主流的价值取向（李金苗，薛惠元，2005），因此，政府是推进基本社会公共服务市民化的首要的支持主体。对常住人口、流动人口一视同仁，把长期在城市就业、生活和居住的乡—城流动人口及其家庭成员对教育、医疗、安全、娱乐等公共服务的需要纳入城市整体规划统筹考虑。

1. 社会保险市民化

社会保障是国家财富的再分配，发挥缩小收入分配差距和社会安全网的作用。乡—城流动人口在流入地能否享有养老、医疗、失业、工伤保险和企业为其提供的住房公积金体现了公平、公正的原则，也直接影响着市民化进程。逐步将乡—城流动人口纳入城镇社会保障体系，包括社会保险、社会救助、社会优抚和安置及社会服务等各个方面，尤其是尽快建立乡—城流动人口的医疗和工伤保险制度，使其病有所医、伤有所医，降低流动人口的生活风险，提高生活质量。政府尽快出台地区间、城乡间社会保险，尤其是医疗保险和养老保险的转移接续机制，使流动人口可以自由选择参加各项险种的加入地，实现保险关系的正常转移和衔接。政府主导建立救助组织，针对失业和低收入乡—城流动人口提供特殊关照和资助，保证其生活稳定，促进社会和谐。

2. 教育保障市民化

保障流动人口子女平等就学是社会公平性的集中反映，也是影响下一代融合的重要因素。因此，制定相关的政策，确保乡—城流动人口子女平等享受教育资源。保障流动人口子女平等参加入队入团、评优评先、参与文体公益等活动的权利，促进其与本地儿童的交流和公共参与。保障流动人口子女在公立幼儿园、小学和初中平等就学及参加中考的权利。借鉴上海的做法，整合社会资源，为流动人口子弟学校援建"阳光书屋"、开办暑期"爱心学校"，多角度、多方式的提高乡—城流动人口子女教育市民化水平。

3. 住房保障市民化

"住有所居"是乡—城流动人口融入城市、实现市民化的首要物质条件，同时也是最基本的生活权利。然而，因户籍管理制度等因素影响，很多城市认定城市户口作为是否享有住房保障的限制条件，因此，多数乡—城流动人口却享受不到城镇职工享有的住房补贴和住房公积金。实现乡—城流动人口住房保障市民化，需要借助企业和政府两个责任主体的力量。企业是吸纳就业的载体和中心环节，理应是改善居住条件的责任主体。推进住房保障市民化，应发挥企业责任意识，以人为本，为乡—城流动人口提供符合基本卫生和安全条件的居住场所；同时，政府将乡—城流动人口纳入城市住房发展规划中，在社会保障中增设住房保障，针对乡—城流动人口大力发展公共租赁房、经济适用房，确保住房安全。目前，很多副省级以上的城市有1/3的人，甚至1/2的常住人口是乡—城流动人口，然而，他们仅因没有城市户口，被限制在城市社会住房保障体系之外，因此，建议借鉴重庆市公租房发展措施，取消户籍身份的限制，只要具备稳定工作和收入来源的条件的乡—城流动人口一律纳入城市社会住房保障范围内。

第三节 本章小结

从质（quality）和量（quantity）两方面相结合的角度提出双Q模型，以市民化意愿、市民化能力、市民化行为、居住市民化、基本社会公共服务市民化五个维度测算的市民化水平反映城镇化的质，以城镇化率衡量城镇化的量，依据2011国家流动人口动态监测调查数据测算了城镇化水平，并对此进行了分析。研究结论如下：

第一，从质与量相结合的角度测算的2011年城镇化水平为42.28%，比单纯以城镇化率衡量城镇化水平51.27%低8.99个百分点。不同地区的城镇化率与城镇化水平相差2.84%~25.39%区间不等，东部省份差距较大，中西部地区次之，东北部最小。从市民化的角度来看，城镇化率显然高估了城镇化发展水平，反映城镇化发展处于低质量状态。

第二，城镇化水平明显低于以现行城镇化率衡量的城镇化水平，原因是城镇化率将产业转移人口的流动性作为固定性城镇人口造成的；城镇化率与城镇化水平的差距在省际间区别较大的直接原因是不同地区产业结构优势不同从而吸引乡—城流动人口的数量不同，这并不直接反映城镇化的真实水平；东部地

第六章 提高人口城镇化质量对策及建议

区城镇化水平明显高于其他地区的原因在于东部地区经济发达、就业机会多、制度环境相对优越以及制定的一系列均等的社会服务与保障政策。

市民化进程缓慢是制约城镇化质量提高的主要"瓶颈"。提高市民化综合水平主要以政府和企业为责任主体，围绕市民化能力、市民化行为、居住市民化、基本社会公共服务市民化、废除户籍管理制度等五方面制定相关的政策。主要有：加大人力资本投资，推动乡—城流动人口培训市场化运作，提高培训效率；提升乡—城流动人口发展能力逐步建立城乡统一、公平竞争的劳动力市场；借助政府的力量，通过搭建各种平台，帮助他们逐步建立以业缘为基础的社会关系网络，扩大社会关系存量，为提高生存能力积累更为雄厚的社会资源；明确乡—城流动人口的政治定位，积极开展文体公益活动；提高社会参与逐步废除户籍管理制度，特别是剥离户籍制度与基本社会公共服务的黏附关系；实现全民一体的基本社会公共服务保障。

第七章

结　　语

当前，对于城镇化质量研究的角度主要有三个方面：一是从宏观层面的城镇社会经济可持续发展角度；二是针对城镇化进程中产生的问题进行论述和分析；三是从微观层面对乡—城流动人口的社会排斥和市民化的角度进行论证。宏观层面主要立足于城镇，所选维度包括经济、环境、人口、社会、基础设施、城乡统筹六个方面测度城镇化发展质量，核心是对城镇可持续发展进行评价并以此为依据为有关部门制定有利于城镇可持续发展的对策提供参考。城镇化问题的研究主要是集中于"城市病"的体现、产生的原因，以及如何根治展开研究。从本质上来看，城镇化问题的研究也是城镇化进程中城镇可持续发展研究的内容之一。国外城镇化发展历程表明"城市病"是城市化进程中必然的产物，制定健全的政策及相关的法律等措施是能够缓解和克服"城市病"。从城镇可持续发展的角度研究城镇化质量，因其立足点以及研究维度和具体指标的选择更适合于对城镇发展质量的测度而非城镇化质量的测度，理由是指标所反映的内容和当前城镇化发展阶段的内涵缺乏一致性。当前城镇化发展处于初级阶段，核心任务是乡—城流动人口市民化。从城镇社会经济发展的角度测定城镇化质量，其分析的角度以及指标的选取很大程度上以城镇、城镇居民为载体，乡—城流动人口的市民化程度再一次边缘化，已脱离城镇化的内涵。因此，从城镇社会经济发展的角度在一定程度上反映了城镇化质量，但偏离城镇化内涵是不合时宜的，在此不再做过多评价。

微观层面主要立足于乡—城流动人口，围绕外来乡—城流动人口与当地的经济、社会、文化等方面的融合和市民化角度展开研究。双重户籍身份结构下导致的社会资源缺乏以及社会权利的缺失由此生成心理排斥、抵触、冲突不利于实现社会融合。尤其是从劳动力市场分割、市民化角度研究更进一步表明乡—城流动人口物质资本、人力资本、社会资本缺失，只能进入非正规就业部

第七章 结　语

门，工资收入低、社会融合度差，是城市规划和公共政策忽略的低收入群体。大量有关乡—城流动人口的研究几乎都折射出这样一个社会事实，数以亿计乡—城流动人口作为推动中国城镇化发展近 50 年来的主要力量，其社会角色归属仍然是模糊不清的。因而，很多文献的经验研究都得到相似的结论即制度是实现社会融合和市民化的关键。

从微观层面研究城镇化质量，其立足点与指标的选取充分反映了城镇化内涵，并且符合当前城镇化发展阶段的要求。现有相关文献从其现状、身份认同、城市适应性、市民化水平等方面进行了研究，取得了一定的研究成果，为今后进一步的研究奠定了基础。市民作为乡—城流动人口（农民工）的最终归属，市民化是研究的重点，但目前仍处于起步阶段。从已有的文献看，主要是围绕市民化影响因素展开研究，对于市民化程度测定这一核心问题的研究成果还是少之又少。以往研究文献所采用的资料大多数是来自不同地区、不同规模的调查资料，测算的乡—城流动人口市民化水平最低为 25%，最高为 81%，差距悬殊；另外，从研究方法看，多数局限于一般的统计描述和分析，理论研究和经验研究有待进一步提高。从指标的选取和权重的设置上看，选用指标随意性较强，差异性较大，反映学者们对于市民化的表征还未达成一致；指标权重的设置上有的采用专家法，有的采用等权法，基本上偏重于主观赋值法，受不同学者主观认识差异、意识形态差异、理解程度差异、专业领域差异等因素影响可能会导致最终的结果不能真实反映实际。因此，关于市民化程度的测定反映城镇化质量的研究到目前为止并不是很成熟，众多问题仍需要进一步研究。那么，国家和地区两个不同层面上的市民化水平多高？影响因素有哪些？不同的影响因素对我国市民化进程有着怎样的影响？真实的城镇化水平有多高？这些问题均没有明确和得到广泛认同的结论。

大量乡—城流动人口身在城镇工作却不能在城镇社会安居乐业的原因在于现实客观条件使得他们没有成为真正意义上的城市市民。一方面，国家没有在法律上给乡—城流动人口城市市民的身份；另一方面，就业于非正规部门获得的收入水平又不可能使其成为真正意义上的城市人口。由此，近年来城市化水平快速发展多少都会有虚高的成分。因此，本书在前人研究的基础上，运用 2010 年、2011 年国家流动人口动态监测数据库，以流动人口社会融合理论为基础，建立包括市民化行为、意愿市民化、居住市民化、市民化能力、基本社会公共服务市民化构成的市民化指标体系，其变量涉及政治、经济、文化、心理、家庭、居住设施、社会保险、就业、教育等方面，分别从国家和地区两个层面测算乡—城流动人口市民化水平；同时依据市民化水平对现行的城镇化水平进行修正;将现行城镇化水平与测算的城镇化水平进行对比分析其原因,最后提出相关的对策和建议。

第一节 研究结论

对照发达国家,中国城镇化发展进程及城镇化发展存在的问题具有一定的特殊性,表现为城镇化速度之快以及较低的市民化水平。以乡—城流动人口为研究对象,依据2010年、2011年国家流动人口动态监测数据,对比城市三群体的生存发展、基本社会公共服务、劳动力市场、社会参与等,发现市民化进程缓慢是制约城镇化质量的主要"瓶颈"。从市民化意愿、市民化能力、市民化行为、居住市民化、基本社会公共服务市民化五维度构建城镇化质量的评价体系,测算了中国及各省域的乡—城流动人口市民化水平并运用Oligit模型对影响因素进行深入分析,在此基础上利用双Q模型对现行的城镇化水平进行修正。研究结果表明:

第一,乡—城流动人口市民化综合水平处于中等水平以下。2011年乡—城流动人口市民化综合水平为0.478,不及市民一半,达到0.7及以上水平的仅占3.71%;分维度看,市民化意愿、市民化能力、市民化行为、居住市民化、基本社会公共服务市民化平均水平分别为0.731、0.588、0.714、0.363、0.406,达到0.7及以上水平的占比分别为37.865、18.44%、45.95%、1.58%、11.38%。表明乡—城流动人口虽具有较强的市民化意愿和较高的居住市民化水平,但市民化能力、市民化行为、基本社会公共服务市民化水平整体偏低。从具体指标看,市民化能力偏低主要是由于人力资本、社会关系市民化水平较低,分别为0.567、0.518;市民化行为偏低主要是由于政治市民化水平处于较低层次,仅为0.007;基本社会公共服务市民化偏低主要是由于社会保险、就业保障市民化水平偏低,分别为0.340、0.392。

第二,造成市民化水平偏低的原因既有制度层面,也有非制度层面的。分析表明,城乡分割的户籍管理制度及其附属相关社会福利和社会保障制度是乡—城流动人口"半市民化"状态的根本原因。自1958年"大跃进"之后中国进入了城乡隔离,户籍、粮食、就业、社会保障等有一系列差别,多数农民因农村户籍身份无法对外面经济机会做出反应。改革开放以后户籍制度有所松动,开始乡—城间及地域间人口流动,但是城乡户籍背后的所粘附的各种社会福利和社会保障制度依然横亘在城乡间,无法逾越,由此导致乡—城流动人口

第七章 结 论

虽为城市建设做贡献但无法分享经济发展的成果，致使无法享有教育、养老、医疗、住房、就业、社会救助、社会福利等一系列基本社会公共服务。非制度层面的原因主要包括人口、经济、就业、省域、市场化运作机制等。利用Oligit模型分别对市民化综合水平及其五维度的影响因子进行分析。分析结果表明：（1）收入水平显著提升市民化综合水平及各维度市民化水平。（2）接受培训对市民化综合水平、市民化意愿、市民化能力、基本社会公共服务市民化的影响为正。（3）工作强度显著降低市民化综合水平、市民化能力、居住市民化、市民化行为、基本社会公共服务市民化。（4）行业类型中，制造业显著降低对市民化综合水平、市民化能力、市民化行为及居住市民化水平，但在市民化意愿及提高基本社会公共服务市民化的概率比较大；低端服务业除了对市民化意愿的影响为正外，对市民化综合水平及其他维度的影响均为负。（5）国有性质单位对市民化综合水平、市民化意愿、市民化行为影响为正，对居住市民化、基本社会公共服务市民化的影响显著为负；私营性质单位对市民化综合水平及其他维度的影响均呈负向关系。（6）技术人员对市民化综合能力、市民化能力、基本社会公共服务市民化的影响显著为正；商业与服务人员显著提高居住市民化水平，而生产与运输人员显著减低居住市民化水平；另外，生产与运输、商业与服务人员均比农业生产者显著提高基本社会公共服务市民化水平。（7）比户籍地更有幸福感能显著提高市民化综合水平、市民化意愿、市民化行为。（8）愿意迁入户籍对市民化综合水平、市民化意愿、市民化能力、市民化行为、基本社会公共服务市民化的影响为正，对居住市民化的影响为负。（9）户籍地中、西部的市民化意愿较强，但是市民化综合水平及其他维度实现的概率偏低；参照居住地中部，居住在东部除市民化行为偏低外，市民化综合水平及其他维度实现概率较高。（10）受教育水平对市民化意愿的影响不显著，但显著提高市民化综合水平及其他维度。（11）其他控制变量如性别、年龄、婚姻、流动范围、居住时间对市民化综合水平及其他维度也具有显著影响。

从分析结果看，户籍制度以及黏附的其他相关制度安排、收入水平、专业技能培训、劳动强度、劳动力市场分割、人均公共财政投入的力度、受教育水平是影响市民化水平提升的主要因素。

第三，从市民化角度修正现行的城镇化水平。现行的城镇化水平是按照城镇常住人口统计口径占总人口比重反映的。城镇常住人口包括三类群体，城市本地市民、外来城市市民、乡—城流动人口。从市民化的角度看，外来城市市民与城市本地人在思想观念、思维方式、生活方式、居住、收入、社会保障等方面相差不大基本可认为是等同程度的，而乡—城流动人口市民化程度与前两类群体相差甚远，尚未达到城市市民水平。将半市民化状态的乡—城流动人口统计在城镇人口范围内会虚高城镇化发展真实水平。因此，应当从"量（quantity）"和"质（quality）"两个方面来衡量城镇化水平。以现行的城镇化率为"量（quantity）"，以市民化水平为"质（quality）"建立双 Q 模型修正当前的城镇化水平。测算结果表明：（1）2011 年城镇化水平为 42.28%，比单纯以城镇化率衡量城镇化水平 51.27% 低 8.99 个百分点。不同地区的城镇化率与城镇化水平相差 2.84%～25.39% 区间不等，东部省份差距较大，中西部地区次之，东北部最小。从市民化的角度来看，现行的城镇化率显然高估了城镇化发展水平，反映城镇化发展处于低质量状态。（2）城镇化水平明显低于以现行城镇化率衡量的城镇化水平，原因是城镇化率将产业转移人口的流动性作为固定性城镇人口造成的；城镇化率与城镇化水平的差距在省际间区别较大的直接原因是不同地区产业结构优势不同从而吸引乡—城流动人口的数量不同，这并不直接反映城镇化的真实水平；东部地区城镇化水平明显高于其他地区的原因在于东部地区经济发达、就业机会多、制度环境相对优越以及制定的一系列均等的社会服务与保障政策。

最终的分析结果表明乡—城流动人口"半市民化"是城镇化发展低质量的主要原因。鉴于此，针对提高乡—城流动人口市民化水平提出了一系列有针对性的对策与建议。

第二节　研究不足

第一，受实际调查资料的局限性，指标体系的设计缺乏全面系统的考虑，比如医疗、公共卫生、社会救济等在实际调查资料中很少涉及，指标体系缺失这部分内容，可能会造成最终结果与实际有偏差。

第二，影响因素分析中，由于实际调查资料的限制，存在变量缺失，比如乡—城流动人口户籍地的收入、留守成员、承包地等资料无法获得，可能导致分析的影响因素不全面。

参考文献

[1] H. 钱纳里, M. 赛尔昆 (著). 发展的型式 (1950~1970) [M]. 北京: 经济科学出版社, 1988: 67-69.

[2] Piore, [英] 伊特韦尔 (著). 新帕尔格雷夫经济学大辞典 [M]. 北京: 经济科学出版社, 1970: 19.

[3] 安琳, 李红霞等. 基于改进熵值法的西部地区城市水平综合评价研究 [J]. 统计信息与论坛, 2007 (9): 87-89.

[4] 白先春等. 城市发展质量的综合评价 [J]. 中国人口资源与环境, 2004 (6): 91.

[5] 蔡昉. 二元劳动力市场条件下的就业体制转换 [J]. 中国社会科学, 1998 (2): 4-14.

[6] 蔡继明. 中国城乡比较生产力与相对收入差别 [J]. 经济研究, 1998 (1): 11-14.

[7] 蔡中为. 欧美国家城市化实践带给中国的启示 [J]. 改革与开放, 2012 (3): 21-23.

[8] 常进雄. 农民市民化过程的非正规就业 [J]. 财经研究, 2003 (12): 55-57.

[9] 陈春. 健康城镇化研究 [J]. 国土与自然资源研究, 2008 (4): 7-9.

[10] 陈明星, 叶超. 健康城市化——新的发展理念及其政策意义 [J]. 人文地理, 2011 (2): 56-58.

[11] 陈素琼, 张广胜. 中国新生代农民工市民化研究综述 [J]. 农业经济, 2011 (5): 76-79.

[12] 陈卫. 人口流动家庭户啊及其影响因素分析 [J]. 人口学刊, 2012 (6): 3-4.

[13] 陈郁. 应归"城市病" [N]. 经济日报, 2012-2-14.

[14] 程开明. 城市化与经济增长的互动机制及理论模型述评 [J]. 经济

评论, 2007 (4): 143-145.

[15] 崔功豪 (主编). 城市地理学 [M]. 江苏教育出版社, 1992: 68-69.

[16] 党兴华等. 关中地区城市化水平地域差异及影响因素分析 [J]. 当代经济科学, 2005 (1): 99-100.

[17] 董延芳, 刘传江, 胡铭. 新生代农民工市民化与城镇化发展 [J]. 人口研究, 2011 (1): 65-68.

[18] 都沁军, 武强. 基于指标体系的区域城市水平研究 [J]. 城市发展研究, 2006 (9): 5-7.

[19] 段成荣, 王文录等. 户籍制度50年 [J]. 人口研究, 2008 (1).

[20] 段成荣, 邹湘江. 城镇人口过半的挑战与应对 [J]. 人口研究, 2012 (2): 45-46.

[21] 段进军. 健康城镇化是推动统筹城乡发展的动力 [J]. 改革, 2009 (5): 124-126.

[22] 范宏忠, 周阳. 日韩巴西等国家城市化进程中过度集中问题——兼论中国城市均衡发展 [J]. 城市问题, 2010 (8): 2-4.

[23] 方创琳等. 2011中国城市化发展质量的综合测度与提升路径 [J]. 地理研究, 2011 (11): 1-4.

[24] 高佩义 (编著). 中外城市化研究 [M]. 天津: 南开大学出版社, 1991: 20-30.

[25] 高佩义 (编著). 中外城市化研究 [M]. 天津: 南开大学出版社, 1991: 40-51.

[26] 高佩义. 发展中国家城市化研究 [J]. 天津社会科学, 1991 (2): 30-31.

[27] 郭显光. 熵值法及其在综合评价中的应用 [J]. 财贸经济, 1994 (6): 56-58.

[28] 国家城调总队和福建省城调队联合课题组. 建立中国城市化质量评价体系及应用研究 [J]. 统计研究, 2005 (7): 15-17.

[29] 国家人口和计划生育委员会流动人口服务管理司. 中国流动人口发展报告 [M]. 北京: 中国人口出版社, 2011: 16-39.

[30] 国家人口和计划生育委员会流动人口服务管理司. 中国流动人口发展报告 [M]. 北京: 中国人口出版社, 2012: 5-25.

[31] 国务院发展研究中心课题组. 农民工市民化对扩大内需和经济增长

参考文献

的影响 [J]. 经济研究, 2010 (6): 4-6.

[32] 韩俊, 崔传义等. 巴西城市化过程中贫民窟问题及对中国的启示 [J]. 中国发展观察, 2005 (6): 4-6.

[33] 韩秀华. 论我国劳动力市场分割 [J]. 当代经济科学, 2008 (4): 118-120.

[34] 韩增林等. 中国地级以上城市城市化质量特征及空间差异 [J]. 地理研究, 2009 (6): 1509-1511.

[35] 何洪静, 邓宁华. 英国城市化中的农村移民住房问题及其干预 [J]. 山东工商学院学报, 2012 (1): 97-99.

[36] 和红, 智欣. 新生代流动人口社会支持状况的社会人口学特征分析 [J]. 人口研究, 2012 (5): 37-38.

[37] 赫茨勒著, 何新译. 世界人口的危机 [M]. 商务印书馆, 1963: 52.

[38] 侯学英. 可持续城市化及其评价指标体系研究 [J]. 商业研究, 2005 (4): 36-38.

[39] 胡宏伟, 蔡霞. 农村社会养老保险有效需求研究 [J]. 经济经纬, 2009 (6): 59-61.

[40] 黄建新. 新生代农民工市民化: 现状、制约因素与政策取向 [J]. 华中农业大学学报, 2012 (2): 44-46.

[41] 黄昆. 城乡二元制度对农民工市民化影响的实证分析 [J]. 中国人口资源与环境, 2011 (3): 76-79.

[42] 黄力明. 支持农民工市民化的财政政策研究 [J]. 经济研究参考, 2012 (47): 17-19.

[43] 黄祖辉, 顾益康, 徐加. 农村工业化、城市化和农民市民化 [J]. 经济研究, 1989 (3): 61-63.

[44] 基本公共服务均等化研究课题组. 让人人平等享受基本公共服务 [M]. 北京: 中国社会科学出版社, 2011: 12-19.

[45] 基本公共服务均等化研究课题组. 让人人平等享受基本公共服务 [M]. 中国社会科学出版社, 2011: 44-59.

[46] 简新华. 中国城镇化与特色城镇化道路, 2010: 2-6.

[47] 简新华, 张建伟. 从农民到农民工再到市民 [J]. 中国地质大学学报 (社会科学版), 2007 (6): 13-15.

[48] 姜爱林. 关于信息化推动城镇化战略的选择 [J]. 经济前沿, 2001 (6): 21-23.

[49] 姜明伦. 对浙江省民营企业治理结构的调查与思考 [J]. 经济纵横, 2007 (4): 66-67.

[50] 姜作培. 农民市民化必须突破五大障碍 [J]. 中共杭州市委党校学报, 2002 (6): 82-84.

[51] 康就升. 中国城市化模式的新思路 [J]. 人口学刊, 1990 (6): 6-9.

[52] 赖德胜. 论劳动力市场的制度性分割 [J]. 经济科学, 1996 (5): 19-23.

[53] 蓝宇蕴. 我国"类贫民窟"的形成逻辑——关于城中村流动人口聚居区的研究 [J]. 吉林大学社会科学学报, 2007 (5): 147-149.

[54] 李长安. 农民工职业流动歧视及对收入影响的实证分析 [J]. 人口与经济, 2010 (6): 27-29.

[55] 李荻, 张俊森等. 中国城镇就业所有制结构的演变: 1998—2000年 [J]. 经济学（季刊）, 2005 (S1): 23-27.

[56] 李怀玉. 农民工市民化进程中的心理形态调查分析 [J]. 城镇化, 2010 (1): 87-88.

[57] 李金苗, 薛惠元. 农民工养老保障领域中的政府职能分析 [J]. 山东经济, 2005 (6): 117-118.

[58] 李俊, 顾艳峰. 中国城市劳动力市场中的户籍分层 [J]. 社会学研究, 2011 (2): 48-51.

[59] 李黎明. 制度变迁、劳动性别分工与职业性别隔离 [J]. 理论研究, 2012 (12): 49-50.

[60] 李萌. 劳动力市场分割下乡城流动人口的就业分布于收入的实证分析 [J]. 人口研究, 2004 (6): 70-73.

[61] 李明秋, 郎学彬. 城市化质量的内涵及其评价指标体系的构建 [J]. 中国软科学, 2010 (12): 182-183.

[62] 李培林, 李炜. 我国农民工的经济地位、社会态度和社会政策的分析与对策 [J]. 中国经贸导刊, 2007 (16): 27-29.

[63] 李强. 关于城市农民工的情绪倾向及社会冲突问题 [J]. 社会学研究, 1995 (4): 63-65.

[64] 李实. 中国经济转轨中劳动力流动模型 [J]. 经济研究, 1997 (1): 23-30.

[65] 李树苗, 任义科, 靳小怡, 费尔德曼. 中国农民工的社会融合及其影响因素研究——基于社会支持网络的分析 [J]. 人口与经济, 2008 (2): 1-3.

参 考 文 献

[66] 李永友,徐楠. 个体特征、制度性因素与失地农民市民化 [J]. 管理世界, 2011 (1): 62-64.

[67] 林洁,邹建明. 羊城晚报, http://www.ycwb.com/2011-09/08/content_1205994.htm.

[68] 刘传江 (主编). 中国第二代农民工研究 [M]. 济南: 山东人民出版社, 2009: 112-119.

[69] 刘传江. 双重户籍墙对农民工市民化的影响 [J]. 经济学家, 2009 (10): 66-69.

[70] 刘传江. 中国第二代农民工研究 [M]. 济南: 山东人民出版社, 2009: 66-69.

[71] 刘传江,程建林. 第二代农民工: 现状分析与进程测度 [J]. 人口研究, 2008 (5): 48-49.

[72] 刘传江,王志初. 重新解读城市化 [J]. 华中师范大学学报 (人文社会科学版), 2001 (4): 65-68.

[73] 刘传江,徐建玲. 第二代农民工及其市民化研究 [J]. 中国人口资源与环境, 2007 (1): 6-8.

[74] 刘传江,郑凌云. 城镇化与城乡可持续发展 [M]. 北京: 科学出版社, 2004: 5-7.

[75] 刘靖. 关于城镇化发展的"数量"与"质量"——基于复合指标体系的测度与解读,城市规划与科学发展,中国城市规划年会论文集, 2009: 5119-5123.

[76] 刘艳军等. 区域中心城市化综合水平评价研究——15个副省级城市为例 [J]. 经济地理, 2006 (2): 226-228.

[77] 吕红芬,王积瑾. 城镇化进程中"城中村"的成因及对策研究 [J]. 农村经济, 2005 (4): 104-106.

[78] 马海涛,姜爱华 (主编). 中国基本公共服务均等化 [M]. 北京: 经济科学出版社, 2011: 70-79.

[79] 马西恒,童星. 敦睦他者: 中国城市新移民社会融合形态的探索性研究——对上海市Y社区的个案考察 [J]. 学海, 2008 (2): 15-18.

[80] 马用浩等. 新生代农民工及其市民化问题初探 [J]. 求实, 2006 (4): 55-57.

[81] 孟昕,黄少卿. 中国城市的失业、消费平滑和预防性储蓄 [J]. 经济社会体制比较, 2001 (6): 40-43.

[82] 牛慧恩. 城市化水平测度方法与实证研究——以深圳是特区为例 [J]. 城市规划, 2003 (11): 34-35.

[83] 人民网. 百姓、民生——共享基本公共服务 100 题, http://theory.people.com.cn/GB/68294/117763/index.html.

[84] 任素华. 关于我国城市人口迁移情况的浅析 [J]. 社会学研究, 1988 (4): 77-79.

[85] 山鹿城次著, 朱德泽译. 城市地理学 [M]. 湖北教育出版社, 1986: 106-107.

[86] 申兵. 我国农民工市民化的内涵、难点及对策 [J]. 中国软科学, 2011 (2): 1-3.

[87] 孙中和. 中国城市化基本内涵和动力机制研究 [J]. 财经问题研究, 2001 (11): 39-42.

[88] 孙中民. 从非制度化到制度化——农民工政治参与模式变迁 [J]. 江西社会科学, 2007 (4): 148-150.

[89] 谭学文. 稳定城市化——一个人口迁移角度的城市化质量概念 [J]. 中国农村观察, 2012 (1): 2-5.

[90] 陶东明, 陈明明 (主编). 当代中国政治参与 [M]. 杭州: 浙江人民出版社, 1998: 147.

[91] 田凯. 关于农民工城市适应性的调查分析与思考 [J]. 社会科学研究, 1995 (5): 90-93.

[92] 田庆丽, 宋志艳. 日本城市化的特点及对我国的启示 [J]. 经济瞭望, 2011 (8): 57-59.

[93] 田雪原. 过渡模式: 中国通向文明发展道路的必然选择——兼论人口与可持续发展, 2004: 56-55.

[94] 汪军英. 上海快速城市化过程中地表水、大气和土壤质量时空变迁研究 [D]. 华东师范大学硕士论文, 2007: 16-38.

[95] 王春兰, 丁金宏. 流动人口城市居留意愿的影响因素分析 [J]. 南方人口, 2007 (1): 23-25.

[96] 王大伟, 王宇成等. 我国城市病到底多严重 [J]. 中国发展观察, 2012 (10): 33-35.

[97] 王放. 论中国可持续的城市化道路——兼论现行城市发展方针的局限性 [J]. 人口研究, 1999 (5): 56-58.

[98] 王桂新. 城市农民工市民化意愿影响因素考察 [J]. 人口与发展,

参考文献

2010 (2): 3-5.

[99] 王桂新, 陈冠春, 魏星. 城市农民工市民化意愿影响因素考察 [J]. 人口与发展, 2010 (2): 2-4.

[100] 王桂新, 罗恩立. 上海市外来农民工社会融合现状调查研究 [J]. 华东理工大学学报, 2007 (3): 98-99.

[101] 王桂新, 沈建法, 刘建波. 中国城市农民工市民化研究 [J]. 人口与发展, 2008 (1): 1-3.

[102] 王桂新等. 中国城市农民工市民化研究——以上海市为例 [J]. 人口与发展, 2008 (1): 3-5.

[103] 王家庭等. 我国城市化质量测度的实证研究 [J]. 财经问题研究, 2009 (12): 128-130.

[104] 王美艳. 城市劳动力市场上的就业机会与工资差异 [J]. 中国社会科, 2005 (5): 36-40.

[105] 王元璋, 盛喜真. 农民工待遇市民化探析 [J]. 人口与经济, 2004 (2): 7-8.

[106] 王哲, 宋光钧. 皖西农民工迁移与市民化意愿倾向分析 [J]. 乡镇经济, 2006 (7): 5-8.

[107] 吴少杰. 中国流动人口发展报告2012 [N]. 中国人口报, 2012-8-7.

[108] 肖辉英. 德国的城市化、人口流动与经济发展 [J]. 世界历史, 1997 (5): 63-65.

[109] 徐增阳, 古琴. 农民工市民化: 政府责任与公共服务创新 [J]. 华中师范大学学报, 2010 (1): 5-7.

[110] 许涛. 我国公民与外来人口社会距离的实证研究 [J]. 人口学刊, 2012 (4): 24-26.

[111] 杨英强. 农民工市民化实证研究 [J]. 经济体制改革, 2011 (6): 90-94.

[112] 杨云彦. 外来劳动力对城市本地劳动力市场的影响——"武汉调查"的基本框架与主要发现 [J]. 中国人口科学, 2001 (2): 52-56.

[113] 姚先国, 赖普青. 中国劳资关系的城乡户籍差异 [J]. 经济研究, 2004 (7): 82-84.

[114] 叶裕民. 中国城市化质量研究 [J]. 中国软科学, 2001 (7): 21-23.

[115] 于培伟. 日本的城乡统筹共同发展 [J]. 宏观经济管理, 2007 (9): 72-77.

[116] 余晖. 中国城市化质量的反思 [J]. 开放导报, 2010 (1): 96-98.

[117] 袁晓玲等. 对城市化质量的综合评价 [J]. 城市发展研究, 2008 (2): 38-40.

[118] 臧武芳, 施华转. 我国农民市民化的主体素质制约因素分析 [J]. 技术经济与管理研究, 2007 (5): 103-105.

[119] 曾宝富. 中国区域基本公共服务均等化: 变化趋势与影响因素 [D]. 华南理工大学硕士学位论文, 2010: 21-44.

[120] 张斐. 新生代农民工市民化现状及影响因素分析 [J]. 人口研究, 2011 (6): 100-102.

[121] 张耕田. 关于建立城市化水平指标体系的探讨 [J]. 城市问题, 1998 (1): 7-8.

[122] 张建丽, 李雪铭, 张力. 新生代农民工市民化进程与空间分异研究 [J]. 中国人口·资源与环境, 2011 (3): 82-84.

[123] 张京祥, 赵伟. 二元规制环境中城中村发展及其意义的分析 [J]. 江苏城市规划, 2006 (8): 63-66.

[124] 张庆五. 关于人口迁移与流动人口概念问题 [J]. 人口研究, 1988 (3): 17-19.

[125] 张少文. 简析农村人口流动对农民工政治参与的影响 [J]. 改革与开放, 2010 (7): 28-29.

[126] 张玮. 新生代农民工市民化过程中在城市定居问题研究 [D]. 四川省社会科学院硕士论文, 2012: 18-39.

[127] 张志为. 公共服务均等化价值取向下的财政政策转移支付制度改革研究 [D]. 湖南大学硕士论文, 2009: 19-37.

[128] 张智. 对北京市农民工住房情况的调查研究 [J]. 中国房地产金融, 2010 (7): 38-40.

[129] 张忠法. 影响农民市民化因素分析 [J]. 经济研究参考, 2003 (5): 13-16.

[130] 郑月琴. 农民工市民化进程中的心理形态和社会文化环境分析 [J]. 经济与管理, 2005 (9): 9-11.

[131] 中国人口与发展研究中心课题组. 中国人口城镇化战略研究 [J]. 人口研究, 2012 (3): 4-6.

参 考 文 献

[132] 钟水映，李魁. 农民工"半市民化"与"后市民化"的衔接机制研究 [J]. 中国农业大学学报，2007（3）：65-67.

[133] 钟顺昌. 城市化问题透视：中国的城中村与拉美的贫民窟之类比 [J]. 新西部，2012（26）：243-246.

[134] 周加来. 城市化 城镇化 农村城市化 城乡一体化——城市化概念解析 [J]. 中国农村经济，2001（5）：40-42.

[135] 周建国，尹力. 贫富分化对城市化可持续发展的影响 [J]. 学习与实践，2009（3）：121-123.

[136] 周丽萍. 中国人口城市化质量研究 [D]. 浙江大学博士论文，2011：24-59.

[137] 周密，张广胜，黄丽. 新生代农民工市民化程度的测度 [J]. 农业技术经济，2012（2）：90-92.

[138] 周铁训. 21世纪中国均衡城市化目标及模式选择 [J]. 经济学家，2001（4）：86-87.

[139] 周小刚，陈东有等. 农民市民化问题研究综述 [J]. 经济纵横，2009（9）：122-125.

[140] 周小刚，陈东有等. 农民市民化研究综述 [J]. 经济纵横，2009（9）：122-124.

[141] 周一星（主编）. 城市地理学 [M]，北京：商务印书馆，2007：59.

[142] 周一星. 关于城镇化速度的思考 [J]. 城市化规划，2006（S1）：32-34.

[143] 周毅. 城市化释义 [J]. 理论与现代化，2004（1）：24-27.

[144] 周志伟. 巴西城市化问题及城市治理 [J]. 中国金融，2010（4）：39-41.

[145] 朱力. 论农民工阶层的城市适应 [J]. 江海学刊，2002（6）：48-50.

[146] 朱永安. 新生代农民工研究，http：//epub.cnki.net/kns/brief/default_result.aspx.

[147] 朱宇. 51.27%的城镇化率是否高估了中国城镇化水平：国际背景下的思考 [J]. 人口研究，2012（2）：31-33.

[148] 邹农俭. 城市化三论 [J]. 江海学刊，1998（3）：45-47.

[149] 邹媛媛，贺利军. 城市化过程中对失地农民就业问题再思考 [J]. 经济新视野，2004（2）：33-34.

[150] Acemoglu, D. "Changes in unemployment and wage inequality: An alternative theory and some evidence". *American EconAukje Nautaetal. "Understanding the factors that promote employ ability orientation: the impact of employability culture, career satisfaction, and role breadth self – efficacy".* Journal of occupational and organizational psychology, 2009 (82).

[151] Aronsson, G., & Go ransson, S. "Permanent employment but not in a preferred occupation: psychological and medical aspects, research implications", *Journal of Occupational Health Psychology*, 1999 (4): 152 – 163.

[152] Barry. M. Popkin. "Urbanization, Lifestyle Changes and the Nutrition Transition". *World Development* Vol. 27, No. 11, pp. 1905 – 1916, 1999.

[153] Cohen, B., "Urbanization in developing countries: Current trends, future Projections, and key challenges for sustainability". *Technology in Soeiety*, 2006. 28: 63 – 80.

[154] Cris Beauehemin. "Migration to Cities in Burkina Faso: Does the Level of Development Sending Areas Matter?" *World Developent* Vol. 33, No. 7, 2005, PP. 1129 – 1152.

[155] C·Wilson. "The Dictionary of Demography". *Oxford*, 1986: 225.

[156] David Drakakis-Smith and Chlis Dixon. "Sustainable Urbanization inVietnam". *Geoforum.* Vol. 28. No. 1, pp. 21 – 38, 1997.

[157] Davis, K. "The urbanization of the Human Population". Scientific American, 1965.

[158] Doeringer P. B. Piore M. J. "Internal Labor Markets and Manpower Analysis". *Lexington: Heath*, 1971.

[159] Garasky. S, "Where are they going? A comparison if urban and youth's location choices after leaving the parental home". *Social Science Research.* 2002, 31: 409 – 431.

[160] George Xiana, Mike Crane, Junshan Su. "An analysis of urban development and its environrnental impaet on the Tampa Bay watershed". *Journal of Environmental Management*, Vol. 85, Issue4, December 2007, Pages 965 – 976.

[161] Gerardo Azoear, Hugo Romero, Rodrigo Sanhueza, Claudia Vega, Mauricio Aguayo, Maria Dolores Munoz. "Urbanization Patterns and theiri mpacts on soeial restrueturing of urban space in Chilean mid – cities: The case of Los Angeles", *Central Chile, Land Use Poliey* 24 (2007) 199 – 211.

参考文献

[162] Gordon, Milton. "Assimilation in American Life". Glencoe, IL: Free Press. 1964.

[163] Harris John R. & Michael P. Thdaro, "Migration, Unemployment and Development: A Two-Sector Analysis", *American EconomicReview*, 1970, 126 – 172.

[164] Henderson, J. Vernon, " Urbanization, Economic Geography, and growth", *Handbook of economic Groeth*, Vol. 82., P. Aghion and S. Durlauf, eds., North Holland, 2004.

[165] Jeffrey G. Williamson, "Coping with City Growth During the British Industrial Revolution, Cambridge", *Cambridge University Press*, 2002, pp. 89, 31.

[166] Jeffrey M. Wooldridge, "Introductory Econometrics—A Modern Approach" [M]. 北京: 中国人民大学出版社, 2003: 204 – 229.

[167] Li, S. M., "PoPpulation migration and urbanization in China: A comparative analysis of the 1990 Population census and the l995 national one percent sampple Population survey". *The international migration review*, 2004, 38 (2): 655 – 685.

[168] Lucas Robert E., "Life Earnings and Rural-Urban Migration", *Working Paper*. 2002.

[169] Lucas, R. E. "Life earnings and rural-urban migration". *JPE*, 2004 (1): 29 – 57.

[170] Park, Robert. "Human migration and the marginal man". *American Journal of Society* 33. 1928.

[171] Parker's. and E. W. Burgess. "Introduction to the Science of Society (2nd ed)". Chicago University of Chicago Press. 1921.

[172] P. J. Waller, "Town, city, and nation: England, 1850 – 1914", Oxford [Oxfordshire]: Oxford University Press, 1983.

[173] Taylor J S. "The Impact of Pauper Settlement 1691 – 1834". *Past & Present*, 1976, 73: 42 – 74.

[174] Taylor, J. E., Rozelle, S. & Brauw, A., "Migration and incomes in soure communities: A new economies of migration Perspective from China". *Eeonomies Development and Cultural Change*, 2003, 52 (1): 75 – 102.

[175] ThomasW. McDade, Linda S. Adair. "Defining the" urban" in urbanization and health: a faetor analysis approach". *Soeial Sience & Medicine* 53 (2001) 55 – 70.

[176] Todaro, M. P. "A model of labor migration and urban unemployment in less development countries" [J]. *AER*, 1969 (March): 42 –47.

[177] T. Searlet tEpstein and David JezePh. "Development-There is Another way: A Rural-Urban Partnership Development Paradigm". *World Development* Vol. 29, No. 8, pp. 1443 –1454, 2001.

[178] United Nations Human Habitat. "The State of the World's Cities Report 2001". *New York: United Nations Publications*, 2002, 116 –118.

[179] Wallance F Smith. "Urban Development: The Process and The Problem". Berkeley Los Angeles and London: University of Califomia Press, 1975, 3 –5.

[180] Yang, Dennis Tao., "China's Land Arrangements and Rural Labor Mobility", *China Economic Review*, 1997, 8 (2): 101 –115.

[181] Yang, XiaoKai and Robert Rice, "An Equilibrium Model Endogenizing the Emergence of a Dual Structure between the Urban and Rural Sectors", *Journal of Urban Economics*, 1994, 35: 346 –368".

[182] Young Denise and Honghai Deng, "Urbanisation, Agriculture and Indestrialisation in China, 1952 –91", *Urabn Studies*, 1998, Vol. 35 (39): 1439 –1455.

图书在版编目（CIP）数据

中国人口城镇化质量研究/王晓丽著．—北京：经济科学出版社，2018.3

（云南财经大学前沿研究丛书）

ISBN 978-7-5141-9129-5

Ⅰ.①中… Ⅱ.①王… Ⅲ.①城市化-研究-中国 Ⅳ.①F299.21

中国版本图书馆 CIP 数据核字（2018）第 048879 号

责任编辑：范　莹　杨　梅
责任校对：王苗苗
责任印制：李　鹏

中国人口城镇化质量研究
——基于市民化角度

王晓丽　著

经济科学出版社出版、发行　新华书店经销
社址：北京市海淀区阜成路甲 28 号　邮编：100142
总编部电话：010-88191217　发行部电话：010-88191540
网址：www.esp.com.cn
电子邮箱：esp@esp.com.cn
天猫网店：经济科学出版社旗舰店
网址：http://jjkxcbs.tmall.com
北京季蜂印刷有限公司印装
710×1000　16 开　11.5 印张　200000 字
2018 年 4 月第 1 版　2018 年 4 月第 1 次印刷
ISBN 978-7-5141-9129-5　定价：40.00 元
（图书出现印装问题，本社负责调换．电话：010-88191502）
（版权所有　翻印必究　举报电话：010-88191586
电子邮箱：dbts@esp.com.cn）